Poller

Glücklich, schön
& selbstbewusst

W0086803

Glücklich, schön & selbstbewusst

Ihr Weg zu positiver Ausstrahlung

Carmen Maria Poller

TRIAS

**Bibliografische Information
der Deutschen Nationalbibliothek**

Die Deutsche Nationalbibliothek verzeichnet diese Publikation in der Deutschen Nationalbibliografie; detaillierte bibliografische Daten sind im Internet über http://dnb.d-nb.de abrufbar.

1. Auflage 2018

© 2018 TRIAS Verlag in Georg Thieme Verlag KG
Rüdigerstraße 14, 70469 Stuttgart
www.trias-verlag.de

Printed in Germany

Programmplanung: Celestina Filbrandt
Redaktion: Bettina Snowdon
Bildredaktion: Christoph Frick, Nadja Giesbrecht
Umschlaggestaltung und Layout: CYCLUS Visuelle Kommunikation, Stuttgart
Illustrationen: Grafikbüro Schaaf, Karlsruhe
Satz und Repro: Ziegler und Müller, text form files, Kirchentellinsfurt
gesetzt in APP/3B2 V. 9
Druck: Westermann Druck GmbH, Zwickau

ISBN 978-3-432-10682-3   1 2 3 4 5 6

Auch erhältlich als E-Book:
eISBN (epub) 978-3-432-10683-0

Liebe Leserin, lieber Leser,
hat Ihnen dieses Buch weitergeholfen? Für Anregungen, Kritik, aber auch für Lob sind wir offen. So können wir in Zukunft noch besser auf Ihre Wünsche eingehen. Schreiben Sie uns, denn Ihre Meinung zählt!

Ihr TRIAS Verlag

E-Mail Leserservice: kundenservice@trias-verlag.de

Adresse:
Lektorat TRIAS Verlag, Postfach 30 05 04,
70445 Stuttgart
Fax: 0711-8 931-748

Besuchen Sie uns auf facebook!
www.facebook.com/trias.tut.mir.gut

Lassen Sie sich inspirieren!
www.printerest.com/triasverlag

Beauty begins the moment you decide to be yourself.

Coco Chanel

Die Autorin

Carmen Maria Poller ist Spezialistin für Selbstbewusstsein und Authentizität. Als Coach und Trainerin begleitet sie Menschen dabei, ihren Selbstwert zu erkennen und eine gelassene und souveräne Haltung zu entwickeln. Um eine tiefgehende Selbsterkenntnis zu unterstützen, hat sie bei einer international anerkannten Expertin das »Face-Reading« studiert, die Kunst der Persönlichkeitsanalyse und Krankheitsdiagnostik anhand von Gesichtsmerkmalen. Ihre außergewöhnlich offene Haltung für die Vielfalt des Lebens und ihr intuitives Gespür für das Gesicht hinter der Maske versprechen eine intensive Selbstfindung. Sie schreibt Bücher und hält Vorträge. Sie inspiriert, provoziert und bringt die Dinge in Bewegung.

Inhalt

Vorwort

Die berühmte amerikanische Schauspielerin Julia Roberts wurde 2017 wieder einmal, mittlerweile zum fünften Mal, vom amerikanischen Magazin »People« zur schönsten Frau der Welt erklärt. Beim ersten Mal war sie 23 Jahre jung, nun war sie 49 Jahre alt. Das Alter scheint also kein Maßstab für gutes Aussehen zu sein. Denn auch eine Julia Roberts färbt sich das Haar, bekommt kleinere Augen und bringt ein paar Pfunde mehr auf die Waage. Und dann noch ihr viel zu großer Mund und ihr Hang, sich »ganz natürlich« zu zeigen: ungeschminkt, mit großer Hornbrille und im Schlabberlook mit bequemen Öko-Puschen.

Was macht also wahre Schönheit aus? Was genau ist das Geheimnis einer tollen Ausstrahlung? Chefredakteur Jess Cagle begründet ihre Wahl so: »Mit ihren 49 Jahren hat Julia Roberts nie besser ausgesehen. Ihre Schönheit liegt in ihrem Selbstvertrauen, ihrer Cleverness und ihrem guten Humor. Sie schafft es, sich weiterzuentwickeln und trotzdem ihre besten Eigenschaften beizubehalten.«

Und genau darum geht es in diesem Buch.

Es ist ein Buch über Stärke, über Stolz und über Schönheit. Ich werde Sie von der Weisheit überzeugen, dass Selbsterkenntnis und Selbstliebe die Schlüssel zu einem gelungenen Leben sind. Selbstbewusste Menschen haben ihr wahres Selbst erkannt, und das lässt sie strahlen. Es macht sie gesünder, fröhlicher, gelassener und attraktiver.

Ich begleite Sie bei dem spannenden Abenteuer, sich selbst zu entdecken und Ihre schönen Seiten nach außen zu tragen. Coachen Sie sich selbst und gewinnen Sie jeden Tag an Kraft, an Mut und an Lebenslust. Und dann schauen Sie in den Spiegel! Gehen Sie auf die Straße! Sie werden Ihren Erfolg bemerken. Andere auch.

Where does beauty begin?
By being oneself.
Just yourself.

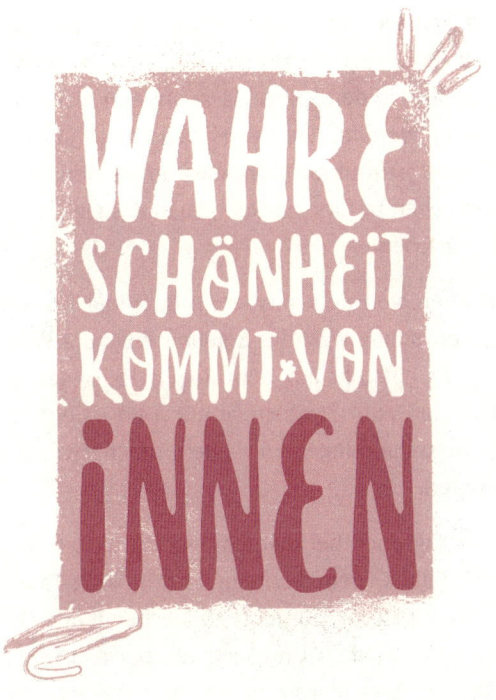

Es steht uns im Gesicht geschrieben

Lassen Sie uns über das Aussehen nachdenken. Sicher, Aussehen ist nicht alles, doch ohne das Gefühl, gut auszusehen, ist vieles nichts. Damit Sie mich nicht missverstehen: Gemeint ist hiermit nicht, dass wir die oder der Schönste sein sollen. Nein. Es geht nur um eine einzige Sache: Wir müssen uns selbst gefallen. Das ist alles. Denn wenn wir uns selbst gefallen, dann agieren wir sicher und selbstbewusst und entwickeln eine charismatische Ausstrahlung. Gefallen wir uns nicht und jeder Blick in den Spiegel lässt uns einknicken und noch ein Stückchen kleiner werden, dann erreichen wir genau das Gegenteil. Wer selbstbewusst ist und mit sich selbst im Reinen, der nimmt sich selbst und sein Leben positiv an. Und genau das steht ihm dann auch im Gesicht geschrieben.

Das gute Aussehen, von dem in diesem Buch die Rede ist, ist nicht etwa gottgegeben, sondern ist das Ergebnis einer starken und weisen Geisteshaltung. Es entsteht aus dem Bewusstsein, genau zu wissen, was uns guttut und zum Strahlen bringt. Und es entsteht aus dem Mut, wichtige Entscheidungen zu treffen, um notwendige Veränderungen einzuleiten.

Vor einiger Zeit sagte ich bei meinem wöchentlichen Besuch im Fitnessstudio zu Claudia, dem blonden Multitasking-Talent im Empfangsbereich: »Hey, Claudia, du siehst aber echt gut aus. Du strahlst so. Bist du etwa frisch verliebt?« Und sie zwitscherte erfreut zurück: »Ja, findest du? Danke! Aber ich bin nicht frisch verliebt. Ich habe mich gerade getrennt!« Ja, liebe Leserinnen und Leser, so kann es gehen. Wir sehen besser aus, wenn unser Herz im Rhythmus der Liebe schlägt, und wir sehen besser aus, wenn wir uns von einer toxischen Beziehung verabschiedet haben. Im Übrigen hängen Wohlbefinden, Gesundheit und Glück meistens davon ab, ob wir entweder eine alte Sache loslassen oder etwas Neues dazugewinnen.

Es ist schon eine kleine Ewigkeit her, da plagten mich aufgrund einer ausgesprochen anstrengenden Dauerbeziehung diverse Magenbeschwerden. Es zwickte hier und kniff da. Mein Speiseplan war sehr kontrolliert und gut abgerundet mit Zwieback und Kamillentee. Ich erinnere mich an jenen Morgen, an dem ich meinen kernig aussehenden kanadischen Ex-Chef zum gemeinsamen Brainstorming in meiner Wohnung empfing. Geplant war ein gemeinsames Frühstück und ich wollte auf keinen Fall mit Haferbrei und Tee in die Runde gehen. Ich kalkulierte also eine mögliche Erstverschlimmerung ein und stellte mich tapfer unserem leckeren amerikanischen Frühstück. Wir machten uns Bacon, Bohnen und Rührei, Toast und Pfannkuchen, alles vervollständigt mit Ahornsirup und Ketchup. Und dazu ein paar Liter Kaffee und einige selbstgedrehte Zigarettchen. Danach haben wir gequatscht, gelacht und philosophiert. Und was soll ich Ihnen sagen: Ich habe meinen Magen absolut überhaupt nicht gespürt. Es hat alles lecker geschmeckt. Und ich habe es bestens vertragen. Ich würde sagen: Spontanheilung!

Als ich später in den Spiegel schaute, war mein Wohlbefinden auch in Form einer frischen Hautfarbe und strahlender Augen zu erkennen. Ich sah echt gut aus. Bitte denken Sie jetzt nicht, dass Speck, Kaffee und Zigaretten das neue Beautygeheimnis sind. Mein Strahlen kam durch mein Wohlbefinden. Es war die Situation: ein sympathischer Mann, ein gutes Gespräch, ein bisschen Flirten und einfach so tun, als sei die Welt in Ordnung und das Leben wunderbar.

Andere Menschen haben einen gewissen Einfluss auf uns. Ziel dieses Buches ist es natürlich, dass Ihr Selbstbewusstsein von anderen unabhängig stark bleibt. Und dass Sie es schaffen, sich mit den Menschen und Dingen zu umgeben, die Sie wachsen lassen. Die Ihnen guttun. Auch dann, wenn Sie einfach nicht überhören und nicht vergessen können, was andere zu Ihnen sagen.

Schönheit hat nichts mit Alter zu tun

Ich weiß nicht, ob Sie männlich oder weiblich sind. Ich weiß auch nicht, wie alt Sie sind. Doch ich weiß, dass die Wahrscheinlichkeit, dass Sie sich jünger fühlen, als Sie sind, oder jünger aussehen oder beides, recht groß ist. Denn die meisten Menschen, die ich kenne, sagen mir, dass sie oftmals jünger geschätzt werden und sich häufig selbst so fühlen. Ich werde im Übrigen auch meistens um einige Jahre jünger geschätzt. So hat meine Tochter zum Beispiel schon gehört: »Wow, das ist deine Mutter. Alter Schwede. Die sieht aber noch jung aus. Ich dachte, es sei deine Schwester.«

Es liegt mir fern, mich mit solchen Aussagen zu schmücken oder ihre Glaubwürdigkeit ungeprüft zu akzeptieren. Doch Sie können mir glauben, es passiert … bis auf eine Taxifahrt vor einigen Monaten. Ich hatte ein paar Tage Paris geplant und ließ mich von einem älteren Herrn mit dem Taxi zum Bahnhof fahren. Auf dem Weg dorthin plauderten wir nett miteinander, und er erzählte, dass früher alles anders gewesen sei und irgendwie schöner. Auf meine Frage, wie lang er denn schon im Geschäft sei, sagte er: »Würden Sie sich bitte mal kurz zu mir herüberdrehen?« Ich saß direkt neben ihm auf dem Beifahrersitz und erfüllte ihm diesen Wunsch. Wir hatten gefühlte zwei Zehntelsekunden Blickkontakt. Dann antwortete er: »Also, ich fahre schon länger Taxi, als Sie alt sind.« Ich dachte ganz selbstbewusst: »Na, wenn der sich da mal nicht irrt!« Schließlich sagte er: »Auch wenn es eigentlich unhöflich ist, darf ich Sie denn mal nach Ihrem Alter fragen?« Ich antwortete spontan mit kräftiger Stimme: »Na, Sie werden sich wundern. Ich werde dieses Jahr zweiundfünfzig!« Daraufhin entgegnete er erfreut: »Sehen Sie, da lag ich doch gar nicht schlecht. Ich fahre sogar noch zwei Jahre länger mit dem Taxi!«

Das hatte gesessen. Als ich aus dem Taxi stieg, meinen Koffer hinter mir her rollte und zu meinem Abfahrtgleis schlenderte, hatte ich dauerhaft diesen einen Satz im Kopf: »Ich fahre sogar noch zwei Jahre länger Taxi.« Sie dürfen mich jetzt ruhig für unreif und eitel halten, denn genau das war ich in diesem Augenblick auch. Ich fragte mich:

Wie hat der Mann das gesehen? Immerhin bin ich auf dem Weg nach Paris. Das heißt, ich bin weder in der Jogginghose noch ungewaschen oder ungeschminkt unterwegs. Ich sehe eigentlich gut aus. Na ja, er hat ja auch nicht gesagt, dass ich schlecht aussehe. Nur, dass ich alt aussehe. Oder korrekterweise: meinem Alter entsprechend. Doch wer, frage ich Sie, will schon so alt aussehen, wie er ist? Ich spürte einen kleinen Riss in meiner gut polierten Oberfläche.

Schaffen Sie gutes Aussehen durch gute Gefühle

Ich weiß, dass es Millionen Frauen und Männern ebenso geht. Wir haben Schwierigkeiten damit, das Älterwerden und das darauf logischerweise folgende »älter aussehen« mit einem guten Gefühl zu verbinden. Doch wissen Sie was? Das muss nicht so sein. Es geht auch anders. Ich habe es ausprobiert. Genau dann, wenn wir es schaffen, uns von gesellschaftlichen Regeln und Zwängen zu befreien, und wenn wir gutes Aussehen als Folge guter Gefühle akzeptieren, genau dann sind wir auf dem richtigen Weg.

Schönheit liegt ohnehin im Auge des Betrachters. Und Sie sind absolut gut beraten, wenn Sie Ihre eigene Wahrnehmung als die eindeutig relevanteste betrachten. Machen Sie sich frei von der Meinung der Leute und betrachten Sie sich selbst mit der nötigen Wertschätzung. Und vor allen Dingen: Setzen Sie auf innere Schönheit. Zeigen Sie Charakter, bleiben Sie sich selbst treu und sorgen Sie gut für sich, für Ihre Seele und für Ihren Körper.

Wenn Sie mit den Menschen zusammen sind, die Ihnen guttun, dann sehen Sie gut aus. Wenn Sie das Leben führen, das Ihnen gefällt, dann strahlen Sie. Wenn Sie sich mit sich selbst wohlfühlen und bei einem tiefen Blick in die eigenen Augen Gefühle von Anerkennung und Stolz empfinden, dann haben Sie alles richtig gemacht.

Nichts auf der Welt macht uns attraktiver
als ein gelingendes Leben.

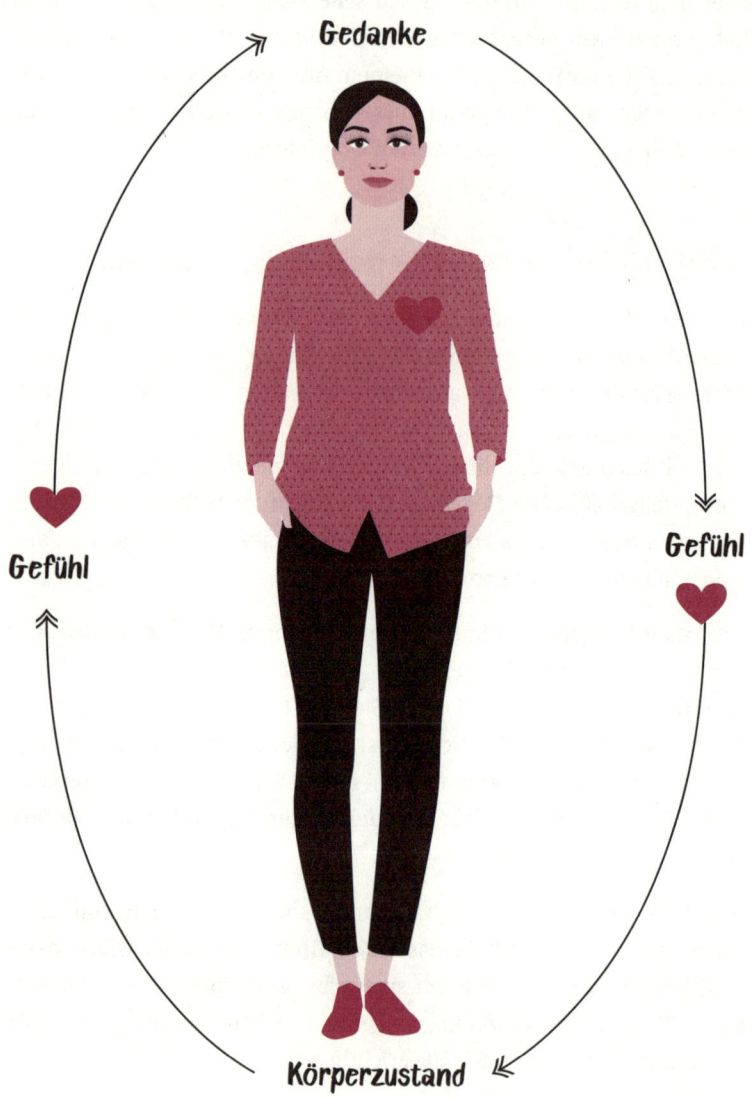

Das Pseudo-Selbstbewusstsein

Vor einiger Zeit habe ich einen interessanten und zum Nachdenken anregenden Satz in der FAZ gelesen. Er stammt von dem Pädagogikprofessor Peter Euler. Er sagte:»Es ist die zentrale Zukunftskompetenz, Inkompetenz kompetent zu kompensieren.«

Es geht also gar nicht darum, was wir tatsächlich können oder zu leisten imstande sind. Vielmehr geht es um unsere Außenwirkung und das Bild eines fähigen, leistungsbereiten Menschen, das wir bewusst für die Öffentlichkeit kreieren. Man könnte also sagen, mehr Schein als Sein. Und in der Tat konfrontiert uns unser heutiges Leben mit den unterschiedlichsten Herausforderungen, die wir – so denken wir zumindest – nur gut vorbereitet und perfekt trainiert meistern können.

Deswegen trainieren auch so viele Menschen. Sie trainieren ihren Geist, damit sie schlauer und erfolgreicher werden. Sie trainieren ihre Persönlichkeit, damit sie körpersprachlich und rhetorisch überzeugen. Sie trainieren ihren Körper, um schön, gesund und leistungsfähig bis ins hohe Alter zu bleiben. Ich erinnere mich noch an das Persönlichkeitstraining eines renommierten Erfolgstrainers, an dem ich vor Jahren teilgenommen habe. Folgende Sätze sind mir in Erinnerung geblieben:»In der Ruhe liegt die Kraft!? Alles Quatsch! Wenn du im Leben was erreichen willst, dann musst du schnell sein! Die Erfolgreichen haben die Nase vorn!« Die Nase vorn haben, ist doch irgendwie klar. Mach ich übrigens auch nicht anders. Und Sie? Wo haben Sie denn Ihre Nase?

Inhalte und Authentizität scheinen also weniger wichtig zu sein. Das Aussehen und die Performance bilden den Maßstab für ein erfolgreiches Lebens. Wir Menschen wollen gesehen und bewundert werden. Auch Schönheit und Attraktivität werden immer mehr zur Leistung. Es geht nicht darum, was unser Gesicht und unser Körper über uns und unser Leben erzählen. Die einzige offensichtliche Messgröße ist unsere Selbstdisziplin und die Frage, ob wir es schaffen, schlank, jung und gut gestylt auszusehen.

In den Medien tummeln sich täglich extrovertierte Menschen, die uns glauben machen, dass ein selbstoptimiertes Erscheinungsbild der Schlüssel für ein erfülltes Leben ist. Und wir tappen völlig blöd und blind jeden Tag aufs Neue in die Falle. Wir vergleichen uns mit den Anderen, den Schöneren, den Jüngeren und den Erfolgreicheren. Und das Interessante an der Sache ist, dass wir weder als Individuum noch als Kollektiv merken, dass wir längst in einen Optimierungswahn hineingeraten sind. Viele finden es normal, dass sie sich ständig definieren müssen wie einen Bizeps beim Muskeltraining.

Wir müssen nicht fremden Ansprüchen gerecht werden

Doch wie normal ist das? Oder besser gesagt, wie gesund? Und macht uns das tatsächlich schöner? Oder macht es uns glücklicher? Ich behaupte jetzt mal ganz forsch und frech: nein! Ich sage Ihnen auch direkt einen Grund für mein Nein.

Viele Menschen haben immer häufiger nur ihre eigene Person im Fokus. Sie arbeiten hart an sich, um ihren eigenen Ansprüchen gerecht zu werden und im Außen Anerkennung zu finden. In ihrem Herzen sind sie oft einsam und allein. Vielen fällt es zunehmend schwerer, Kontakte zu anderen Menschen herzustellen, Tiefe und Intensität aufzubauen und zu erhalten. Sie sehnen sich nach einem wahrhaften Freund, einem Seelenverwandten oder auch einer großen Liebe. Einem Menschen, bei dem sie so sein können, wie sie wirklich sind. Und so akzeptiert und geliebt werden, wie sie wirklich sind. Denn in ihrer Welt tragen sie meist eine Maske, geben vor, ein glücklicher Single zu sein oder eine Bilderbuchehe zu führen. Sie täuschen die anderen mit ihrem perfekten Leben, spielen beruflichen Erfolg und Wohlbefinden vor und stellen aussagekräftige Bilder ihrer inszenierten Glückseligkeit ins Netz.

Denn parallel zu dieser Entwicklung fühlen sich immer mehr Menschen erschöpft, müde und leer. Sie klagen über Depressionen, über Burn-out und die verschiedensten gesundheitlichen Störungen. Die

Wartezimmer der Ärzte sind übervoll, die Psychologen und Therapeuten haben keine freien Termine mehr, unzählige Gesundheits- und Lebensberater bieten ihre Dienste an. Die Zukunftsprognose lautet: Stress ist die Krankheit des 21. Jahrhunderts. Doch wer dauerhaft Stress hat, fühlt sich nicht wohl. Ist nicht glücklich. Wird krank. Und sieht auch nicht gut aus. Doch was macht uns Stress? Ich behaupte: ein schwaches Selbstbewusstsein. Ein vorgetäuschtes starkes Selbst. Selbst gemachter Druck. Das Ignorieren tiefer Gefühle. Das Vergleichen. Das anstrengende Image. Das geplante Kontakten. Das Sich-selbst-untreu-Werden.

Wir schauen fortwährend auf die anderen. Was machen die? Sind die besser? Sehen die besser aus? Haben die mehr Spaß? Viele Menschen haben Druck, häufige Infekte, Kopfschmerzen und Magenbeschwerden. Dabei sind sie doch so gesundheitsbewusst. Interessieren sich für gute Ernährung und versuchen, Disziplin zu halten. Sie haben den Körperkult und Kosmetikbehandlungen für sich entdeckt. Selbst vor einer Schönheitskorrektur schrecken viele nicht zurück. Und während alle damit beschäftig sind, gut auszusehen und erfolgreich zu sein, vergessen sie ganz, das Leben beim Schopfe zu fassen und ihr Glück zu machen. Sie bemerken oft gar nicht, wie sie an Lebensfreude verlieren, weil sie viel zu viel Zeit mit sich selbst verbringen und dem Plan, ein perfekter Mensch mit einem optimalen Leben zu werden.

Wenn Menschen an Lebensfreude verlieren,
sieht man es ihnen am Gesicht an.

Tun Sie was für sich, sich selbst zuliebe

Dabei finde ich gar nichts verkehrt daran, etwas für sein Äußeres zu tun. Ob es Sport, Körperpflege oder Entspannungsrituale sind, alles macht Sinn und tut dem Körper gut. Doch es ist wichtig, mit der richtigen Einstellung ans Werk zu gehen. Es nützt nichts und ist auf Dauer eher schädlich, sich wie eine Maschine auf die Produktion eines guten Erscheinungsbildes zu fixieren. Und sich dabei zum Sklaven der neusten gesellschaftlichen Trends zu machen. Es ist blockierend zu glauben, es gebe nur Schwarz oder Weiß. Und es ist anstrengend, von einem Termin zum nächsten zu hecheln, um zwanghaft in Form zu bleiben. Die eigenen Maßstäbe werden zu Ketten, die unsere wahren Bedürfnisse schlichtweg abwürgen. Dabei würde es uns viel besser stehen, dem Frohsinn, der Muße und dem Genuss auch ein wenig unserer wertvollen Zeit zu schenken.

Liebe macht schön. Guter Schlaf macht schön. Freude, Lachen, Dankbarkeit, Hoffnung, Mut, Gelassenheit, Vertrauen, andere Menschen glücklich machen – all das macht uns auch glücklich. Und gesund. Und schön.

Denn wenn wir so weitermachen und immer nur fleißig unser Image pflegen, dann werden wir uns selbst vergessen. Wir vergessen unsere ureigenen Gefühle und Bedürfnisse. Manchmal leugnen wir diese auch oder drücken sie einfach weg.

Menschen können so stark in diese Rolle verfallen, dass sie überhaupt nicht merken, nur noch ein Abbild ihres selbst geformten Selbst zu sein. Nach außen wirkt das selbstbewusst. Doch wer ganz genau hinschaut, erkennt schnell, dass hier eine innere Leere und Unsicherheit überspielt werden. Der berühmte Psychologe Erich Fromm hat den Begriff der narzisstischen Selbstspiegelung geprägt, bei der das Handeln durch äußere Kräfte beeinflusst wird. Es ist ein Pseudo-Selbstbewusstsein, das durch das positive Feedback der Gesellschaft genährt wird. Der Einzelne stärkt sein Selbstwertgefühl, indem er das Interesse anderer Menschen erweckt.

Schön durch gesundes Selbstbewusstsein

Wenn ich also hier von einem gesunden Selbstbewusstsein spreche, dann meine ich damit eine ehrliche, aufrichtige Haltung und ein von anderen nicht beeinflusstes und unabhängiges gutes Gefühl.

Der erste Schritt, den es zu machen gilt, ist, sich einen ehrlichen und realistischen Eindruck von sich selbst zu verschaffen. Wie sehen Sie aus? Stellen Sie sich vor den Spiegel und schauen Sie sich ganz genau an. Schauen Sie in Ihr Gesicht und prüfen Sie, was es Ihnen sagen will. Was erzählen Ihnen die einzelnen Berge und Täler, die Furchen und Falten. Was ist mit Ihren Augen? Ist in ihnen noch jener Glanz, den viele aus ihrer Kindheit kennen, oder ist das Licht gedämpft oder gar erloschen? Was ist mit Ihrem Körper? Wie sieht er aus? Was erzählt er für eine Geschichte? Welche Signale flüstert er Ihnen zu? Sie kennen alle die Redewendungen »In einem gesunden Körper steckt ein gesunder Geist«, »Die Augen sind das Tor zur Seele«, »Der Körper ist der Handschuh der Seele«, »Wahre Schönheit kommt von innen« oder »Ein Blick sagt mehr als tausend Worte« Und so weiter und so weiter.

Wer sich gut fühlt, der sieht auch gut aus

Machen Sie ein Face-Reading. Lesen Sie aus Ihrem Gesicht. Hier steht alles geschrieben. Welche persönliche Geschichte Sie haben. Welche Erfahrungen Sie gemacht haben. Wie leicht oder wie schwer Ihr Leben war. Wie es Ihnen geht. Wie Sie sich fühlen. Was oder wer Ihnen zu schaffen macht. Was Sie traurig oder ärgerlich gemacht hat. Ob Sie sich Sorgen machen und Kummer haben. Ob Ängste Ihre ständigen Begleiter sind.

Wie fühlen Sie sich? Wie fühlen Sie Ihren Körper? Haben Sie Rückenprobleme, weil Sie Ihr Päckchen zu tragen haben? Haben Sie Magenprobleme, weil Sie manche Dinge nicht verdauen können? Wie gesund und fit sind Sie? Gehen Sie der Sache auf den Grund. Denn wenn Sie es schaffen, sich zu entfalten, dann ent-falten Sie sich im wahrsten Sinne des Wortes. Wenn Sie es schaffen, aus der Dunkelheit herauszutreten und sich in die Sonne zu stellen, dann werden Sie erblühen und Sie werden strahlen.

Sinn, Glück und tiefe Erfüllung
lassen Menschen strahlen.

Im zweiten Teil dieses Buches werden Sie erfahren, wie die Erkenntnisse aus der Hirnforschung und dem Mentaltraining Ihnen helfen können, Ihre Haltung zu verändern und Einfluss auf Ihr Aussehen zu nehmen. Loslassen zu können ist ein Beauty-Geheimnis. Wenn Sie die richtigen Entscheidungen im Leben treffen, dann werden Sie besser aussehen. Weniger Sorgen und mehr Lebensfreude sind die besten Anti-Aging-Strategien. Gesundes Selbstvertrauen und Selbstsicherheit machen Sie attraktiv und begehrenswert. Ein authentisches Auftreten steigert Ihre charismatische Ausstrahlung. Willenskraft und Zuversicht machen Sie stark und unbesiegbar.

Stark macht sexy.

Individuelle Lösungen

Für jeden von uns gibt es eine gute Lösung. Einen ganz besonderen Weg. Kein Weg ist wie der andere. Was Ihnen guttut, muss einem anderen noch lange nicht guttun. Ihre Aufgabe in diesem Leben ist Ihre ganz persönliche Mission. Sie sind mit einzigartigen Potenzialen ausgestattet. Und deswegen ist es auch so wichtig, dass Sie mit großer Sensibilität herausfinden, wer Sie sind und ob Ihr Äußeres diese innere Welt, Ihre wahrhafte Persönlichkeit, spiegelt. Wenn wir den Mut finden, stark zu sein und unsere Seele zu zeigen, dann werden wir wahrhaft schön sein und echte Erfüllung finden. Die Chinesen nennen diesen Zustand auch Pfirsich-Glück, weil ein gelungenes und glückliches Leben als höchstes Ziel uns ein Aussehen wie ein rosiger, praller Pfirsich bescheren kann. Für Chinesen der Inbegriff von Schönheit.

Disziplin, aber keine Verbissenheit

Im dritten Teil dieses Buches – nach der sensiblen Selbstdiagnose und der kreativen Verwandlung – folgt nun das disziplinierte Tun. Jedes Mal, wenn wir ins Handeln kommen und auf ein Ziel losmarschieren, hat das auch etwas mit Disziplin und Durchhaltevermögen zu tun. Doch machen Sie sich hier nicht verrückt! Eine gewisse Selbstdisziplin ist zwar wichtig, um die selbst gesteckten Ziele zu erreichen, aber sie darf sich nicht zu einer hausgemachten Zwangsneurose entwickeln. Es ist schön, einen gewissen »Biss« zu haben, doch Verbissenheit führt stets am Ziel vorbei. Bleiben Sie also bei allem, was Sie tun, einfach locker. Denn Sie wissen ja, irgendwann geht die Kiste einfach zu, und das kann manchmal auch schnell und überraschend kommen. Ist es dann nicht viel schlauer, die letzten Tage des Lebens mit einem schönen und satten Gefühl erleben zu können?

Wenn ich hier von Disziplin spreche, dann meine ich damit hauptsächlich eine Regelmäßigkeit und eine Intensität beim Denken neuer Gedanken. Am besten jeden Morgen nach dem Aufstehen und jeden Abend vor dem Zubettgehen. Doch dazu später mehr.

Nur wer gesund ist, kann auch glücklich sein

Und wer gesund und glücklich ist, der sieht auch gut aus. Das Selbstbewusstsein und die richtigen Gedanken machen hierbei den Hauptjob. Der Nebenjob wird durch biochemische Prozesse erledigt. Das heißt, Sie können nicht nur durch gesunde Gedanken Ihr Wohlbefinden beeinflussen, sondern auch durch eine für Sie richtige Ernährung und wichtige Zusatzstoffe. Ein kleiner Schlenker über die wissenschaftlichen Erkenntnisse aus der Orthomolekularmedizin wird Ihren Geist öffnen und Sie entscheiden später selbst, inwieweit dieses Wissen Ihnen nutzen kann. Hormone und kraftvolle Körperzellen beeinflussen unsere individuelle Energie. Es gibt eine spannende Wechselwirkung zwischen Körper und Psyche.

Es ist doch klar, dass eine gesunde Lebensweise und die angewandte Kenntnis medizinischer Fakten das Wohlbefinden ebenfalls erhöhen können. Als zusätzliche Unterstützung zu Ihrer mentalen Einstellung und einer selbstbewussten Haltung können Entspannung, Wasser, Musik, Natur, Bewegung und vor allen Dingen eine sinnvolle und sinnliche Interaktion mit anderen Menschen dienen. Wichtig ist nur, dass diese Dinge nicht zum Zwang oder zu einem gesellschaftlichen Muss werden. Und dass eine gewisse Spielmöglichkeit und Gelassenheit siegt statt strenger und kompromissloser Vorgaben, wie zum Beispiel: »Kein Fleisch! Keine Kohlenhydrate! Mindestens dreimal die Woche Sport!« Oder ein gepredigter Dogmatismus, der uns glauben machen will, dass die drei Zigaretten in der Woche uns töten werden oder die gelegentlichen frischen Brötchen uns dick und doof machen!

Achten Sie auf sich! Prüfen Sie genau,
was Ihnen guttut und was nicht.

Denken Sie auf jeden Fall daran, dass Sie ein Individuum sind und dementsprechend ganz eigene Bedürfnisse und Vorlieben haben. Was einem anderen Menschen Probleme bereitet, muss Ihnen noch lange nicht schaden. Schärfen Sie Ihre Sinne und entscheiden Sie sich für eine auf Ihre Persönlichkeit und auf Ihren Körper abgestimmte Lebensweise.

DIE SELBST-DIAGNOSE WIE SIE AUF SPURENSUCHE GEHEN

Wie sehe ich aus? Wie fühle ich mich?

Blicken Sie auch öfter mal in den Spiegel und denken sich: »Ich hab auch schon mal besser ausgesehen«? Sollten Sie das tun, dann sind Sie in guter Gesellschaft, denn laut einer Umfrage des Kosmetikkonzerns DOVE geht es zwei Drittel aller Frauen so. Und Männer sind wahrscheinlich auch nicht besser dran. Oder doch?

Vielleicht kennen Sie ja auch diesen Moment, in dem ein guter Freund oder Ihre Mutter zu Ihnen sagt: »Du siehst aber gar nicht gut aus! Blass und müde!« Und wenn Sie ein Unwohlsein bis dahin selbst noch nicht registriert haben, dann werden Sie spätestens jetzt ein angespanntes Gesicht im Spiegel erkennen und zeitgleich eine handfeste Erschöpfung spüren. In meiner Familie wird das übrigens mit Leidenschaft praktiziert. Sowohl meine Oma als auch meine Mutter lieben es, bei jeder Begegnung eine Bemerkung zum Aussehen zu platzieren. Das machen sie nicht nur bei mir. Nein, das machen sie auch bei anderen. Sie erkennen am Gesicht, ob man Sorgen und Kummer hat oder gut drauf ist. Und Sie checken den Körper in wenigen Sekunden ab, um das momentane Lebensgefühl ablesen zu können. Sollte man dann irgendwie dünn, eingefallen, blass und nicht rosig und wohlgenährt aussehen, ist das Urteil über ein kümmerliches Dasein bereits gefallen. Natürlich darf man auch nicht zu prall erscheinen, das würde wiederum ein Zeichen für Alter, Wechseljahre oder Maßlosigkeit aufgrund von Kummerspeck signalisieren. Gibt es in Ihren Kreisen auch Menschen, die permanent Ihren Gefühlszustand an Ihrem äußeren Erscheinungsbild messen?

Es kann auch sein, dass Sie selbst schon mehrere Indizien gesammelt haben. Eingefallene Wangen, glanzlose Augen, dunkle Ränder und neue Falten. Und oft ertappen Sie sich bei dem Gedanken »Das Leben ist anstrengend!«.

Doch das alles hat nicht unbedingt etwas mit Ihrem Alter und dem natürlichen Verfall von Schönheit, Kraft und Gesundheit zu tun. Es zeigt Ihnen vielmehr, dass etwas in Ihrem Leben aus dem Gleichgewicht geraten ist. Dass es irgendwo in Ihrem Inneren eine Baustelle gibt. Ihr Gesicht und Ihr Körper zeigen deutlich an, ob Sie sich in Ihrer Haut und in Ihrem Leben wohlfühlen.

Gesundes Aussehen und Wohlbefinden sind die natürlichen Folgen eines starken Selbstbewusstseins.

Erst dann, wenn wir uns unserer Persönlichkeit, unserer Gedanken und unserer Körperlichkeit bewusst sind, können wir die nötigen Entscheidungen treffen und unser Verhalten verändern.

Es geht also darum, dass wir einen Blick in den Spiegel riskieren und uns ganz genau betrachten. Es lohnt sich, den Blick am Körper entlang nach unten wandern zu lassen und alles mit wachem Auge unter die Lupe zu nehmen. In sich hineinzuspüren und bei jedem Körperteil den Wohlfühlstatus zu ermitteln, kann sehr gewinnbringend sein. Bilder von früher zu studieren, bringt ebenso wertvolle Erkenntnisse. Sicher haben Sie noch Fotos aus Ihrer Kindheit, Jugend oder aus anderen Jahrzehnten.

Ich persönlich würde auch auf jeden Fall – selbst wenn es manchmal wirklich nervend sein kann – die Kommentare anderer Menschen in Erwägung ziehen. Nicht etwa, um mich von deren Meinung abhängig zu machen. Sondern vielmehr, um einen Nutzen aus einer Fremdwahrnehmung zu ziehen, wenn eine bestimmte Aussage immer wieder von unterschiedlichen Beobachtern gemacht wird. Denn wir haben natürlich auch so eine Art blinden Fleck innerhalb der eigenen Wahrnehmung. Wir wollen manche Dinge einfach nicht wahrhaben und den Tatsachen nicht ins Auge sehen. Eine solch einseitige Wahrnehmung muss nicht immer schlecht sein, führt aber in der Regel früher oder später zu Problemen.

Machen Sie ein Face-Reading

Sicher wissen Sie, dass man in Gesichtern lesen kann. Gesichter sind ein wunderbar ehrliches Kommunikationsmittel und jede Furche, jedes Zucken und Blinzeln kann Aufschluss über eine Gemütslage geben.

Doch an einem Gesicht lässt sich nicht nur der augenblickliche Gemütszustand ablesen, vielmehr ist es ein Spiegel unserer Persönlichkeit und wie ein offenes Buch mit Informationen über unser Leben und unsere Gesundheit. Die Antlitz- und Seelendiagnose wird bei allen Naturvölkern der Erde praktiziert. Es sind die großen Medizinmänner und Fährtenleser der Seele, die Wahrheiten rund um die Persönlichkeit und Krankheitsgeschichte aufdecken. Weltweit gehört das intensive Schauen in Gesichter und das Wahrnehmen von körperlichen Veränderungen zu einer medizinisch wenig anerkannten, jedoch erfolgversprechenden Vorgehensweise zur Erstellung einer Diagnose. Auch unsere Medizinstudenten hierzulande lernen ein bisschen über Psycho-Physiognomik. Leider zu wenig, um es später in der Praxis erfolgreich anwenden zu können. Der moderne, durch die westliche Welt geprägte Arzt verlässt sich lieber auf computergesteuerte Programme für die Diagnose oder direkt auf eine medikamentöse Breitbandbehandlung.

Der Begriff Psycho-Physiognomik geht auf den Wissenschaftler und Anthropologen Carl Huter zurück, der die Sprache des menschlichen Gesichts als Ausdruck der Seele verstanden hat. Hier trifft Psychologie auf Biologie und die drei Begriffe Psyche (Seele), Physis (Körper) und Gnoma (Kennzeichen, Meinung) stehen für eine ganzheitliche Betrachtung und Wahrnehmung. Ziel ist es, die im Inneren verborgenen seelischen Bedürfnisse im Außen als entsprechende Ausdrucksform an Körper und Gesicht zu erkennen. Die Gesichtsdiagnostik bietet eine Hilfestellung bei jeder Art von Kommunikationsproblemen – ob allgemeine Menschenkenntnis, Beurteilung in Personalsituationen, bei der Partner- und Berufswahl und vor allem bei der Selbsterkenntnis oder Bewusstwerdung eigener Bedürfnisse. Dabei ist es ausgesprochen wichtig, eine Diagnose nur in einem Gesamtkontext zu stellen. Die auch Face-Reading genannte Diagnostik kann eine wertvolle Unterstützung sein, darf allerdings nicht als festgeschriebene Gesetzmäßigkeit verstanden werden.

Lesen Sie es sich an der Nase ab

Mein Wissen und meine Ausbildung habe ich hauptsächlich aus der Gesichtsdeutung der Chinesischen Medizin. Doch auch diese Erkenntnisse will ich Ihnen lediglich als Angebot präsentieren. Bitte verstehen Sie diese Anregungen nicht als »einzige Wahrheit«. Es liegt mir fern, mit erhobenen Zeigefinger als dogmatische Lehrmeisterin aufzutreten nach dem Motto: So ist das, und nicht anders! Sehen Sie es also mehr als Zusatzinformation und als Bereicherung, um Ihnen eine Selbsterkenntnis zu erleichtern.

Das heißt, wenn ich beispielsweise etwas »an der Nase ablesen« kann, dann können Sie das auch. Im Face-Reading steht zum Beispiel eine größere Nase oft für eine große Ich-Stärke. Das wiederum lässt die Schlussfolgerung zu, dass Menschen mit großen Nasen, gern »die Nase vorn« haben oder »die Nase in den Wind« halten. Es könnte bedeuten, dass dieser Mensch stark und selbstsicher auftreten und sich durchsetzen kann. Vielleicht kann und macht er es aber nicht, und seine große Nase dient ihm als sinnvoller Richtungsweiser, um einen (noch nicht ausgelebten) Führungsanspruch durchzusetzen. Besitzern kleinerer Nasen wird nachgesagt, sie seien anpassungsfähiger und kompromissbereiter. Auch das ist kein Gesetz, denn es gibt Menschen, die sogar aufgrund einer kleinen Nase oder einer zierlichen Körpergröße besonders verbissen »nach oben« bzw. in Führung gehen wollen.

Es ist also ausgesprochen wichtig, auch andere Parameter miteinzubeziehen und sich selbst Fragen zu stellen, die eine Grundmotivation und Rückschlüsse auf gemachte Erfahrungen deutlich machen. Im Übrigen erhalten Sie hier nur einen stark begrenzten Ausschnitt einer umfassenden und ganzheitlich geprägten Gesichtslesekunst. Sie finden im Anhang ein Literaturverzeichnis mit den weiterführenden Quellenangaben.

Eine uralte Methode

Die Psycho-Physiognomik ist eng verwandt mit der Psychosomatik und geht davon aus, dass Körper, Seele und Geist eine Einheit sind. Ist man nicht im Einklang mit sich selbst, dann kommt es zu Problemen, die der Körper in Form einer Krankheit als Warnsignal an unsere Denksysteme schickt. Dieses fehlende Selbstbewusstsein und das Nicht-im-Einklang-mit-sich-selbst-Sein zeigt sich auch im Gesicht. Jedes Erlebnis, jedes Gefühl, jede Überzeugung und jeder Lebensstil hinterlässt Spuren im Gesicht. Sie sehen es an Falten, Schattierungen, an den Augen und an der Hautbeschaffenheit. Es ist sogar möglich, Krankheiten bereits am Gesicht zu erkennen, die noch gar nicht zum Ausbruch gekommen sind. Die Psycho-Physiognomik hat weit zurückreichende Wurzeln in den Lehren der Medizin, der Anthropologie, der Psychologie und Philosophie. Die Sichtweisen sind schon aus alten buddhistischen Schriften aus den Zeiten vor Christus bekannt sowie von Pionieren und großen Namen wie Pythagoras, Sokrates, Platon, Aristoteles, Hippokrates, Paracelsus, Kant, Schopenhauer, Schelling und Goethe, um nur einige zu nennen.

Die klassische Gesichtsdiagnose, die ihren Ursprung als alchemistische Methode im Taoismus hat, genießt in China und in der chinesischen Medizin eine lange Tradition. In China glaubt man an die »Drei Schätze«, die es zu beschützen gilt, um ein langes und erfülltes Leben zu leben. Es sind das Jing (ererbte Konstitution), das Qi (Lebenskraft, Lebensenergie) und das Shen (geistige Ausstrahlung).

Ein Leuchten, das von innen kommt

Mir persönlich gefällt die Idee von Shen besonders gut. Mit Shen ist die Seele gemeint. Das, was nicht unmittelbar zu sehen ist, jedoch durch die Augen strahlen kann. Es ist der Geist, der einen Menschen strahlen lässt. Ein Leuchten, das von innen kommt.

Das Shen ist nicht zu manipulieren, es kann nicht lügen. Jeder Einzelne von uns kann seine wahren Gefühle verbergen. Wir können lachen, obwohl wir traurig sind. Wir können ruhig reden, auch wenn wir innerlich aufgewühlt und verärgert sind. Wir können aufrecht stehen, selbst dann, wenn wir uns in die Knie gezwungen fühlen oder uns jemand mit Worten beugen will. Wir sind in der Lage, unsere Körpersprache und unsere Mimik zu kontrollieren und gezielt einzusetzen. Doch unser Shen ist unbeeinflussbar, hier hat sich das Geflecht des Nervensystems verankert. Wenn Sie einem Menschen in die Augen schauen, und es leuchtet und blitzt Ihnen nur so entgegen, dann hat dieser Mensch eine starke geistige Ausstrahlung. Es ist eine Kraft, die von innen kommt und nach außen leuchtet.

Wenn Menschen älter werden, dann geht das Shen nach und nach verloren. Es gibt wenige alte Menschen, die noch dieses Strahlen in den Augen haben. Viel zu häufig haben sie Sorgen, Ängste, Kummer und Krankheit durchleben müssen. Viele Menschen haben an Shen verloren. Der Vergleich von Fotos zwischen früher und heute zeigt oft gnadenlos an, dass der Lebensweg auch mit negativen Erfahrungen, mit Enttäuschungen und Verletzungen gepflastert ist. Schauen Sie doch mal die Fotos aus Ihrer Kindheit und frühen Jugend an. Schauen Sie sich nur ins Gesicht. Nur in die Augen. Wenn Sie eine schwere und belastete Kindheit hatten, dann werden Sie mir sicher nicht zustimmen, alle anderen jedoch werden bemerken, dass sie ein »Blinken« in den Augen hatten. Das ist Shen. Und Shen kann immer wieder aufblitzen und Ihre Augen zum Leuchten bringen, jedes Mal, wenn Sie präsent sind und sich von positiven Emotionen leiten lassen.

Vor einigen Jahren ist unser Hund Murphy gestorben. Ich hatte zuvor noch nie ein totes Lebewesen gesehen. Wenn Sie Mediziner sind oder einen vergleichbaren Beruf haben, dann werden Sie diese Erfahrung schon gemacht haben. Ich habe seine Augen gesehen. Es waren tote Augen. Er war gar nicht mehr da. Es war nicht unser Murphy. Es war eine leblose Fellhülle. Wie sagt man: Die Seele ist aus dem Körper gegangen. Das Shen ist erloschen.

Eine natürliche Shen-Ausstrahlung verstärkt die Anziehungskraft auf Menschen. Denn es bedeutet ja, dass positive Emotionen da sind, und diese sind genau wie gute Laune ansteckend. Es überträgt sich auf Ihr Gegenüber und dieses fühlt sich angelockt und ebenfalls gut. Ein wunderbarer Kreislauf und ein erstrebenswertes Ziel, seine Shen-Energie zu erhöhen und seinem Pfirsich-Glück – Sie erinnern sich – näherzukommen.

Erste Krankheitszeichen erkennen

Neben den emotionalen Problemen lassen sich natürlich auch handfeste Krankheitszeichen am Gesicht ablesen. Ich habe bereits erwähnt, dass die ersten Anzeichen einer Erkrankung sich schon viele Jahre vorher im Gesicht und am Körper zeigen können, bevor sie zum Ausbruch kommt oder sich messbar diagnostizieren lässt. Vielleicht ist es nicht möglich, eine genaue Krankheitsdiagnose zu erstellen. Die Feststellung einer Tendenz und eine Prognose sind jedoch sehr gut möglich und können uns auffordern, achtsam zu sein und präventiv tätig zu werden.

Natürlich werden Sie auf den nächsten Seiten auch schon einmal ins Stutzen kommen und kritisch hinterfragen, ob Sie diese Information, so wie sie hier geschrieben steht, für sich persönlich annehmen können. Gesichtsformen und Merkmale sind uns schließlich von Geburt an mitgegeben und durch uns selbst nicht beeinflussbar. Doch diese jahrtausendealte Tradition liefert eine Chance, noch intensiver in das Abenteuer einzusteigen, sich selbst zu erkennen. Inwieweit Sie sich bei der einen oder anderen Beschreibung wiederfinden, liegt bei Ihnen selbst. Entscheiden Sie selbst, ob Sie diese Aussagen als wahr annehmen können oder Sie schlichtweg als »esoterischen Blödsinn« ablehnen. Tun Sie dies aber bitte auch in Bezug auf psychosomatische Deutungen und Empfehlungen aus der orthomolekularen Medizin. Entscheiden Sie eigenständig, welche Informationen hilfreich sind und Sie dabei unterstützen können, Ihre wahren Gefühle zu erkennen und positiv zu kultivieren.

Meine persönliche Erfahrung hat mich gelehrt, dass eine offene Haltung eine Grundlage bildet, auf der wir die richtigen Entscheidungen treffen können. Ich bin geradezu allergisch gegen Meinungen, die mir vorgeben, was richtig und was falsch ist, was funktioniert und was normal ist. Wissenschaft und Spiritualität reichen sich mittlerweile die Hand. Was früher als spirituelle Mutmaßung galt, ist heute eine fundierte wissenschaftliche Erkenntnis. Was bei Ihnen funktioniert, was Ihnen guttut oder was Ihnen weiterhilft, ist gut für Sie. Das heißt noch lange nicht, dass es einem anderen ebenfalls hilft. Tun Sie sich deswegen selbst einen Gefallen: Seien Sie offen, lassen Sie es wirken und treffen Sie dann Ihre eigenen Entscheidungen.

Auf den folgenden Seiten habe ich Ihnen zur Visualisierung eine Skizze der individuellen Gesichtskarte beigefügt, damit Sie die Informationen einer ersten Gesichtsdiagnose für sich besser nutzen können. Sie orientiert sich an Erkenntnissen und Zeichnungen aus dem Buch»Gesichtsdiagnose in der chinesischen Medizin« von Lillian Pearl Bridges, die meine Lehrmeisterin in Sachen Face-Reading ist.

Auf der emotionalen Gesichtskarte finden sich Linien/Falten, die entweder ein empfundenes Gefühl oder eine wiederkehrende Erkenntnis ausdrücken.

Die Gesichtskarte
Gefühlsmuster erkennen

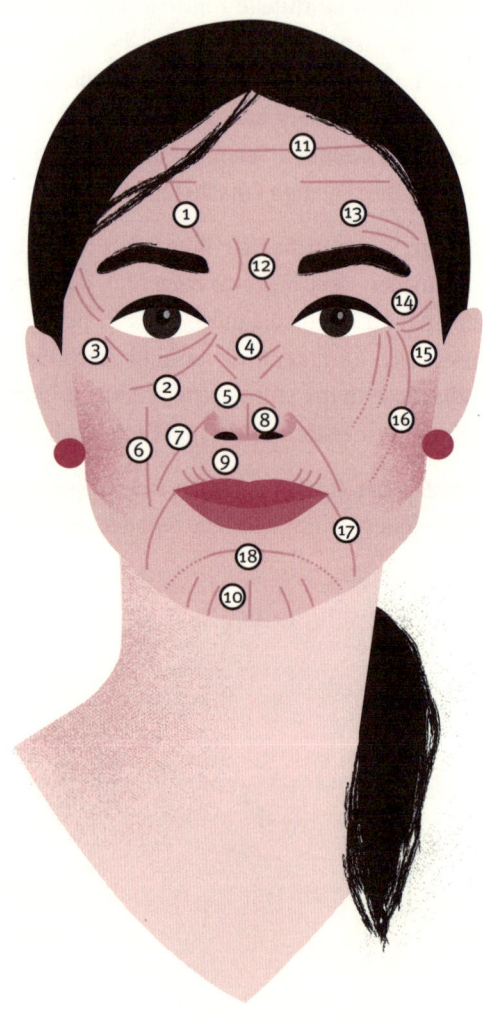

1. Die vertikale Linie auf der Stirn spricht für einen Menschen, der einen intensiven Lernprozess erfahren hat. Durch diese Wandlung hat er an Weisheit gewonnen.

2. »Lost Love Lines« (verlorene Lieben) – diese Linien deuten darauf hin, dass wir Teile unserer Persönlichkeit, Leidenschaften oder geliebte Beziehungen aufgegeben/verloren haben.

3. Diese Linien stehen für emotionale oder körperliche Schmerzen.

4. Diese Linien findet man bei Menschen, die nicht gern polarisieren. Sie wirken unbewusst niedlich/kindlich und schwächen die eigenen Worte ab, um anderen Menschen zu gefallen. Sie schwächen ihr eigenes Selbst.

5. Die horizontale Linie auf der Nase kann ein Zeichen von Stress und Schwäche sein.

6. Die vertikale Linie im unteren Wangenbereich zeigt einen Stresszustand.

7. Diese Linien finden sich bei zielorientierten Menschen, die genau wissen, was sie wollen. Sie haben eine gute Grundmotivation und Willensstärke. Sind die Falten allerdings zu tief, kann das eine Verbissenheit und ein Festhalten an alten Denkmustern signalisieren.

8. Eine vertikale Linie oder Einkerbung auf der Nasenspitze trägt ein Mensch, der sich zu sehr für das Wohl anderer aufopfert – »Blutendes Herz«.

9. Kleine Fältchen oberhalb der Oberlippe deuten auf einen fürsorglichen Menschen hin, der sich sehr um die anderen sorgt und zu wenig »gesunden Egoismus« an den Tag legt. Das kann zu Verlust von Lebensfreude führen.

10. Falten und Dellen am Kinn (ähnlich wie Orangenhaut) finden sich bei ängstlichen und sorgenvollen Menschen.

11. Die Querfalten auf der Stirn stehen für Lernlektionen in unseren Zwanzigern. Wenn sie unterbrochen sind, haben wir unsere Lebenslektion wahrscheinlich immer noch nicht gelernt.

12. »Zornesfalten« – diese Linien stehen auch für Ungeduld, Ärger, Frustration und Nervosität. Es besteht eine Neigung, den Blick angestrengt zu fokussieren (Tunnelblick).

13. »Na, ob das mal stimmt!« – diese Linien stehen für Skepsis, Vorsicht und Misstrauen.

14. »Krähenfüße« – führen die Linien nach oben, ist viel und gerne gelacht worden. Das Leben wird von der heiteren Seite mit Freude und Leichtigkeit genommen. Ausgesprochen lange Linien bringen übersteigerte Gefühle zum Ausdruck (hysterisches Lachen).

15. Nach unten auslaufende Linien stehen für kontrollierte Gefühle und Traurigkeit. Sie finden sich bei Menschen, die sich etwas zu Herzen genommen haben.

16. Je länger die nach unten laufenden Linien sind, desto größer der Kummer. Ganz lange Linien zeigen eine tiefe Trauer an.

17. Abfallende Linien an den Mundwinkeln deuten auf Unzufriedenheit hin. Hier werden Erwartungen gestellt und das Glück im Außen gesucht.

18. Diese horizontale Linie unter der Unterlippe deutet auf einen unbewusst leichtfertigen Umgang mit der eigenen Energie hin. Fällt die Linie seitlich jeweils ab, entsteht die sogenannte »Motzfalte«, die eine Unzufriedenheit »mit dem, was ist« signalisiert.

»Es steht mir in der Gesichtshälfte geschrieben«

Die linke Gehirnhälfte steuert die rechte Körperseite und die rechte Gehirnhälfte die linke Seite. Während psychosomatische Deutungen häufig davon ausgehen, dass Probleme mit der linken Körperseite etwas mit Gefühlen und den weiblichen Anteilen, Probleme mit der rechten Körperhälfte etwas mit Aktion und den männlichen Anteilen zu tun haben, findet in der chinesischen Gesichtsdiagnostik beim Gesicht eine differenzierte Deutung statt.

Die rechte Seite des Gesichts ist demnach die »öffentliche« Seite. Wir entscheiden mit der linken Gehirnhälfte analytisch, welche Merkmale und Eigenschaften wir nach außen präsentieren wollen. Das, was sich wirklich in uns tut, was uns bewegt, ist an der linken Seite des Gesichts ablesbar. Die rechte Seite ist weniger durch Emotionen bewegt, daher bei vielen auch glatter und faltenfreier. Sie ist eine Maske für die Öffentlichkeit und wird als passiv und weiblich (Yin) bezeichnet. Wenn die rechte Gesichtshälfte hingegen stärker gezeichnet ist, könnte das darauf hindeuten, dass die Person mit ihren Schwächen gesehen werden möchte. »Schaut her, mir geht es gar nicht gut. Keiner kümmert sich um mich.«

Innerhalb der chinesischen Lehre wird folgende These aufgestellt: Je ausgewogener und ähnlicher die beiden Gesichtshälften sind, desto authentischer und mit sich selbst im Reinen ist der Mensch. Und Sie wissen ja: Je kleiner die Lücke zwischen unserer inneren und unserer äußeren Identität ist, umso selbstbewusster können wir unser Leben meistern und glücklich werden.

Machen Sie sich den Spaß und zerschneiden Sie ein Bild von sich genau in der Mitte. Betrachten Sie erst die eine und dann die andere Seite. Wahrscheinlich werden Sie einen Unterschied bemerken. Welches ist Ihre Schokoladenseite? Es ist komisch: Manche Menschen haben in der Tat zwei vollkommen verschieden aussehende Gesichtshälften. Schauen Sie sich die Menschen in Ihrer Umgebung oder im Fernsehen mal genauer an und Sie werden eine Gesichtsasymmetrie entdecken. Es gibt für das Smartphone eine App, mit der Sie Fotos teilen und dann neu und anders zusammensetzen können. Probieren Sie doch eine solche Simulation mal aus und setzen Sie dann zwei rechte Hälften zusammen und danach Ihre zwei linken Hälften. Spannend! Die rechten Hälften wirken meist sanfter als die linken, die oft mehr Schatten und Falten aufwerfen.

Die rechte Gehirnhälfte
steuert uns intuitiv und
kreativ

Die linke Gehirnhälfte
steuert uns analytisch und
sachlich

Yin Yang

Die rechte Gesichtshälfte
ist unsere öffentliche
Seite. Hier zeigen wir uns
so, wie wir wahrgenom-
men werden wollen.
Die meisten betrachten
intuitiv vorwiegend die
rechte Gesichtshälfte.

Die linke Gesichtshälfte
ist unsere private Seite.
Sie zeigt, wie wir wirklich
sind. Hier lassen sich
Emotionen ablesen, die
wir lieber verbergen und
nicht nach außen
präsentieren wollen.

»Schau mir in die Augen, Kleines!«

Die Augen sind mit Sicherheit der größte Indikator für Persönlichkeit, Aussehen, Ausstrahlung, Stimmungslage, Wohlbefinden und Gesundheit. Ein Blick sagt schließlich mehr als tausend Worte. Doch es geht nicht nur um die Augen selbst, sondern auch um die Sehfähigkeit und den Ausdruck. Auch die Augenlider und Wimpern sowie die Falten und Schattierungen um das Auge herum sind wichtig für eine gewinnbringende Diagnostik.

Was sehen Sie beim Blick in Ihre Augen? Sehen Sie die Frau oder den Mann, die oder der Sie zu sein glauben? Erschrecken Sie sich über einen traurigen, leeren und müden Blick? Freuen Sie sich über eine fröhliche Ausstrahlung und Lachfältchen? Oder denken Sie: Hey, wer ist diese anziehende Person und wem gehört dieser atemraubende Blick? Alles, was Ihre Augen schon gesehen haben, ist tief in Ihnen verborgen und zeigt sich in Ihrem Blick. Jede geweinte und nicht geweinte Träne, jedes Zucken aufgrund einer Lebenserfahrung und jedes Aushalten einer Situation ist zu sehen. Die Augen sind in der Tat der Einlass zur Seele und gleichermaßen der Spiegel unserer wahrhaften Persönlichkeit.

Beim Deuten des Augenausdrucks ist die Farbe der Augen höchstens von einer individuellen Wichtigkeit, eine Aussage über Charakter oder Gesundheitszustand aufgrund der Farbgebung ist nicht möglich. Vielleicht kennen Sie diesen Spruch aus Ihrer Kindheit: »Grüne Augen, Froschnatur, von der Liebe keine Spur. Braune Augen sind gefährlich, aber in der Liebe ehrlich. Blaue Augen, Himmelsstern, küssen und poussieren gern.« Da ist natürlich nichts dran. Es ist einfach nur so ein Kinderspruch. Messen Sie ihm keine Bedeutung zu, selbst dann nicht, wenn Sie bereits eine Bestätigung erhalten haben.

Schau in und um deine Augen
und du weißt, wer du bist!

Schauen Sie jetzt noch einmal genau hin – erst auf Ihr linkes und dann auf Ihr rechtes Auge. Wie Sie bereits wissen, ist die linke Gesichtshälfte unsere sehr private und emotionale Seite. Hier zeigt sich, wie wir tatsächlich sind. Die rechte Seite zeigt unser öffentliches Wesen, also das, was andere von uns sehen und halten sollen. Sie gibt vor, wie wir wahrgenommen werden wollen. Unsere Maske für die Außenwelt sozusagen.

Große Augen

In der Kunst der Gesichtsdeutung geht man davon aus, dass große und offene Augen zu Menschen gehören, die anderen gestatten, in ihre Seele zu blicken. Es sind emotionale Menschen, die sich leicht ihren Gefühlen hingeben und sie nach außen zeigen können. Manchmal auch sehr spontan und unbeherrscht, ohne vorher groß darüber nachgedacht zu haben. Es kann auch zu Gemütsschwankungen oder Gefühlsausbrüchen kommen. Für diese Menschen sind ihre Gefühle absolut echt, in dem Moment in dem sie diese zum Ausdruck bringen. Selbst dann, wenn diese nicht so tief sind und mehr an der Oberfläche bleiben. Sie können durch ihre herzliche Art andere Menschen für sich gewinnen, manchmal haben sie diese offene, unkontrollierte und verspielte Art von Kindern.

Sind die Augen auch noch nach vorn gewölbt, dann handelt es sich um einen nach vorne preschenden und engagierten Menschen. Große Augen und die Fähigkeit, Emotionen nach außen zu transportieren, sind auch ein Indiz dafür, Dinge besser loslassen zu können. Diese Menschen wirken zwar auf den ersten Blick, als seien sie ständig mit ihren Gefühlen beschäftigt, manchmal wirken sie auch weinerlich, manchmal feurig. Doch jedes Gefühl, so tief und echt es in diesem Moment auch sein mag, bleibt auch eher eine Momentaufnahme. Nachdem es »dramatisch« zum Ausdruck gebracht worden ist, kann es dann auch wieder weiterziehen. Es setzt sich nicht tief in Seele und Körper fest. Die aufkeimende und nach oben sprudelnde Emotion hat sich ihren Kanal gesucht und den Körper vor weiteren Erschütterungen geschützt. Diese wunderbare Eigenschaft, seinen Gefühlen Ausdruck verleihen und sie dann loslassen zu können, ist sehr gesund. Wenn ungesunde Gefühle allerdings täglich aufbrausen oder sich im Salventakt eines Maschinengewehrs entladen, dann kann auch der Gefühlsausdruck zu einer körperlichen Belastungsprobe werden.

Kleine Augen

Menschen mit kleineren oder halb geschlossenen Augen tun sich in der Regel mit Gefühlsäußerungen schwerer. Sie neigen dazu, ihre Gefühle in ihrem Inneren zu bewahren. Und sie können jede Menge Gefühle haben! Sie finden es in aller Regel nur angenehmer, diese für sich zu behalten. In ihren Augen sind Gefühle etwas sehr Privates. Sie schauen manchmal staunend auf die Menschen, die von einer Sekunde zur nächsten ihr gesamtes Gefühlsspektrum zum Ausdruck bringen, die laut schreien oder ungehemmt weinen können. Eine solche Gefühlsäußerung, vor allem, wenn sie in der Öffentlichkeit auftritt, kann ihnen so merkwürdig erscheinen, dass solch ein Auftritt ihnen selbst peinlich ist und sie sich sozusagen fremdschämen. Wenn sie Vertrauen zu einem Menschen gefunden haben, dann werden sie ihre Gefühle deutlicher zum Ausdruck bringen können. In den ersten Begegnungen verhalten sie sich eher reserviert und zurückhaltend. Wenn sie ein starkes inneres Gefühlsleben haben und zu großer Sensibilität neigen, tun sie es aus einem Gefühl der Vorsicht und einem Selbstschutzbedürfnis heraus. Viele denken erst gründlich nach, bevor sie sprechen und handeln. Sie sind logischer, analytischer und rationaler veranlagt. Manchmal können sie auf andere Menschen unnahbar oder kühl wirken, was oft nur ein Schutz ist, weil sie ihr Inneres nicht jedem öffnen wollen.

Tiefliegende Augen

Tiefliegende Augen sprechen für eine gewisse Introvertiertheit. Sie gehören Menschen, die viel denken und auch Zeit für sich allein benötigen. Bei entsprechendem Anlass können sie auch gesellig und mitteilsam sein. Geselligkeit und Extrovertiertheit gehören meist zu impulsiven Menschen mit vorstehenden Augen. Sehr tiefliegende Augen werden häufig mit Menschen verbunden, die ein negatives oder auch pessimistisches Bild vom Geschehen und vom Leben haben. Sie neigen zu Skepsis, Zweifel und Kritik. Sie können übrigens Ihre Augentiefe messen, indem Sie einen Stift senkrecht vor das Auge halten und dann beobachten, ob ihn Ihre Wimpern beim Schließen und Öffnen des Auges berühren.

Augenabstand

Eng beieinanderliegende Augen gehören oft zu Menschen, die sehr konzentriert arbeiten und handeln können. Sie können sich gut auf ein Ziel fokussieren und alles, was links oder rechts davon liegt, dabei ausblenden. Manchmal können diese Menschen jedoch auch zu engstirnig sein und einen Tunnelblick entwickeln. Hingegen spricht ein weiter Augenabstand für Menschen, die aufgeschlossen und locker sind und vieles nicht so eng sehen.

Wimpern und Augenbrauen

Schauen Sie sich in die Augen! Und, haben Sie schon individuelle Stärken bei sich ausgemacht? Was genau gefällt Ihnen an Ihren Augen und an Ihrem Blick? Lange Wimpern sprechen übrigens für einen gefühlvollen und sensiblen und kurze für einen neugierigen, eher pragmatischen Menschen. Die Wimpern agieren wie Antennen, die Schwingungen aus der Umwelt erspüren können. Die Augenbrauen bilden einen Rahmen. Liegen diese nah bei Ihren Augen, dann sind Sie vermutlich ein schlagfertiger Mensch, der gern und spontan spricht. Sitzen Ihre Augenbrauen ziemlich weit oben, dann wird eher das Gegenteil zutreffen. Sie überlegen sich ganz genau, wann und zu wem Sie was sagen.

Grundsätzlich geht man in der Kunst des chinesischen Face-Readings davon aus, dass dichte und starke Augenbrauen zu einem Menschen gehören, der dynamisch und entschlossen ist. Häufig wird eine gewisse Widerstandkraft und psychische sowie körperliche Aktivität damit verbunden. Sehr starke und dichte Brauen können auch für Temperament und Leidenschaft stehen, von heißblütiger Liebe bis hin zu Wutausbrüchen. Im Gegenzug sind dünne oder spärlich bewachsene Augenbrauen oft ein Zeichen von Nüchternheit und Passivität oder einer bescheidenen und zurückhaltenden Art.

Es ist ja lustig mit den Augenbrauen, denn zumindest wir Frauen zupfen schon einmal gern alles in Form. So kann aus dick mal dünn werden und aus gerade auch mal spitzwinkelig. Ich persönlich habe die Erfahrung gemacht, dass der Umgang mit Menschen, die gerade oder natürlich geschwungene Augenbrauen haben, einfacher sein kann als mit Menschen, die starke Winkel in ihren Brauen haben. Vielleicht liegt es daran, dass diese Winkel ihnen »Ecken und Kanten« geben, die nicht jedermann akzeptieren kann. Auf jeden Fall sind dies häufig wache und entschiedene Persönlichkeiten, deren Blicke und Worte auch scharf geschossen um die Ecke fliegen können. Auch spitze Lidwinkel sprechen für das Phänomen der Wortgewandtheit und Impulsivität, während runde Augeninnenwinkel meist zu feinfühligen und taktvollen Menschen gehören.

Jeder Gedanke und jede Emotion werden durch das Auge und seinen Ausdruck gespiegelt.

Augenlider

An Ihren Augenlidern können Sie erkennen, wie es um Ihre Gefühle steht. Auch hier gilt: Je mehr das Lid das Auge verdeckt, desto mehr Gefühle werden zurückgehalten. Die Person will nicht, dass andere ihr in die Seele blicken. Geschwollene Augenlider sind oft ein Hinweis auf nicht geweinte Tränen. Tief eingesunkene Augenlider sprechen für eine große Traurigkeit oder Liebeskummer. Falls das bei Ihnen der Fall sein sollte, können Sie sich direkt einmal fragen: Welche Tränen habe ich zurückgehalten? Was hat mich traurig gemacht?

Schau in und um deine Augen und du weißt, wie du dich fühlst!

Tränen dürfen sein!

Wenn Sie sich jetzt selbst einmal intensiv mit Ihrem Auge beschäftigen, dann prüfen Sie genau, was es Ihnen sagen will. Ausgesprochen trockene Augen wollen Ihnen mitteilen, dass Lebensfreude verloren gegangen ist. Vielleicht sind Sie auch zornig und unversöhnlich. Vielleicht sind Sie derzeit auch sehr nüchtern und trocken, weil die Gefühle der Liebe und Lebensenergie Sie verlassen haben. Wenn Ihre Augen oft sehr feucht sind und schnell tränenreich wirken können, dann sind Sie wahrscheinlich ein Mensch, der seine Emotionen sehr gut herauslassen kann. Vielleicht neigen Sie auch zu Gemütsschwankungen und Melancholie.

Im Coaching erlebe ich immer wieder diese Unterschiede zwischen den Menschen. Es gibt jene, die ihren Tränen und ihren Gefühlen völlig ungehemmt freien Lauf lassen können, und jene, die einen starren Blick bekommen. Sobald Emotionen an die Oberfläche schwappen, schauen sie weg oder nach unten oder sie verstecken ihr Gesicht hinter ihren Händen. Und falls doch mal aus Versehen ein Tränchen kullern sollte, dann sind sie peinlich berührt und entschuldigen sich bei mir.

Rein biologisch betrachtet sind unsere Tränen ein wichtiger Schutzfilm, der das Auge vor Fremdkörpern schützt und Giftstoffe aus dem Auge leitet. Trotzdem halten viele Menschen aufgrund ihrer Erziehung ihre Tränen zurück. Meist sind es eher Männer als Frauen, da in früheren Generationen das Weinen ein Zeichen von Schwäche war. Und Männer müssen stark sein. Wer will schon einen ewig flennenden Kerl an der Seite haben. Heute ist ein der Situation angemessenes Weinen auch bei Männern gesellschaftsfähig. Männer brauchen sich nicht mehr ihrer Gefühle zu schämen und dürfen zeigen, dass sie gefühlvolle Wesen sind, die nicht permanent den Cowboy oder den Terminator spielen müssen. Wenn man Frauengesprächen lauscht, dann sollten sich die Herren der Schöpfung allerdings auch nicht zu oft verweichlicht dem spontanen Tränenfluss hingeben. Da ich in meiner Kindheit eher ein halber Junge und häufig auf dem Bolzplatz anzutreffen war, habe ich auch nicht viel geweint. Höchstens vor Wut, und das am liebsten heimlich.

Schön ist derjenige, der sich annimmt, wie er ist.

Schön ist, wer nicht unentwegt seine Persönlichkeit verleugnet und trainiert, ein ganz anderer zu sein. Letzten Endes ist es besser zu weinen, als es nicht zu tun. Zurückgehaltene Tränen können die Augenlider zum Anschwellen bringen und das Herz schwer machen. Zurückgehaltene Tränen sind zurückgehaltene Gefühle. Und das ist nicht gut. Denn gerade die negativen Emotionen wie Wut, Ärger und Traurigkeit sollten wir rauslassen, damit sie unseren Körper nicht in einen Stresszustand versetzen und so jede Menge Schaden anrichten.

Was das Auge sonst noch ausdrückt

Wie stark Sie derzeit aufgestellt sind und wie sehr Sie nach außen strahlen, zeigt sich in Ihrem Gesicht am besten rund um Ihre Augen. Dieses Gebiet weist kleine Fältchen oder Schwellungen auf, zeigt Einbuchtungen und farbliche Unterschiede. Auch die Augen selbst und mögliche Befindlichkeitsstörungen oder Krankheiten sprechen eine deutliche Sprache. Probleme mit den Augen sprechen häufig dafür, dass Sie eine bestimmte Sache nicht sehen wollen und die Fähigkeit des Klarsehens in der Gegenwart, Vergangenheit und Zukunft verlieren.

Wenn Sie mein erstes Buch gelesen haben, dann wissen Sie, dass bei mir die Augenkrankheit grüner Star diagnostiziert wurde, die mir einen erhöhten Augeninnendruck sowie ein eingeschränktes Sichtfeld beschert. Der Druck stand in diesem Fall auch für einen Druck, den ich mir selbst machte. Und das reduzierte Gesichtsfeld stand für einen Tunnelblick, der es mir unmöglich machte, nach links und rechts zu schauen, um zu erkennen, dass eine Kursänderung schon lange nötig war. Es ging um alte Enttäuschungen, vor denen ich im wahrsten Sinne des Wortes die Augen verschließen wollte.

Augenprobleme

Wenn Ihre Augenlider geschwollen sind, dann können Sie sich fragen: Was will ich nicht mehr sehen? Welche Emotionen verstecke ich? Wovor will ich meine Seele schützen? Sollten Sie Probleme mit den Augen haben, dann ist es oft ein Hinweis darauf, nach innen und mit dem Herzen zu sehen. Es ist ein Zeichen dafür, einsichtiger, umsichtiger und klarsichtiger zu werden. Es ist Zeit, die Dinge ans Licht zu bringen. Seinen Fokus und seine Perspektive zu verändern. Die rosarote Brille abzunehmen. Die Sache in einem anderen Licht zu betrachten. Klarheit zu gewinnen. Intuition zu entwickeln. Wussten Sie, dass sehr viele spirituelle Wesen und Heiler blind waren?

Eine Entzündung steht meist für zu viel Feuer und Wut. Vielleicht haben Sie etwas gesehen, was Sie sehr wütend gemacht hat und was Sie nicht akzeptieren können? Es gibt sogar Fälle, in denen ein schwerwiegendes traumatisches Erlebnis zur völligen Erblindung führte. 1986 präsentierten Gretchen van Boemel vom Doheny Eye Institute in Los Angeles und Patricia Rozée von der California State University in Long Beach ihre Forschungsergebnisse einem großen, interessierten Fachpublikum. Sie hatten 150 Fälle psychosomatischer Erblindung bei kambodschanischen Frauen festgestellt. Es waren gesunde Frauen, die schwerwiegende Augenprobleme aufwiesen, welche sich nicht durch eine Untersuchung im Gehirn-Scan bestätigen ließen. Sie wiesen eigentlich eine normale Sehschärfe auf, doch bei den üblichen Testdurchläufen mit der Buchstabenfolge konnte keine von ihnen etwas sehen. Sie waren alle blind oder fast blind. Van Boemel und Rozée konnten durch ihre Forschungsarbeiten herausfinden, dass diese Frauen während des Regimes des kommunistischen Diktators Pol Pot und der damit verbundenen Tötung von 1,5 Millionen Menschen furchtbare Dinge sehen mussten. Sie waren zum Teil auf brutalste Art und Weise gefoltert, misshandelt und vergewaltigt worden und hatten mit ansehen müssen, wie ihre Familienangehörigen gedemütigt, geschlagen und getötet wurden. Sie hatten unvorstellbar grausame Taten gesehen, die sie immer wieder in ihren Gedanken und Träumen durchlebten. Sie waren nicht aufgrund organischer Störungen erblindet, sondern wegen der stark belastenden negativen Emotionen. Die Funktion des Sehens haben sie sozusagen einfach ausgeschaltet, weil es eine zu schmerzhafte und zu traurige Erfahrung war. Übrigens: Ebenso wie es Fälle von Spontanerblindung gibt, existieren auch Beispiele von Spontanheilung.

Rund um die Augen

Lassen wir jedoch diese extremen Fälle mal außer Acht und schauen wir uns noch einmal selbst kritisch ins Gesicht und in die Augen. Am besten morgens, ungewaschen und ungeschminkt. Haben Sie dunkle Augenringe? Diese deuten meist auf Erschöpfungszustände und Kreislaufstörungen hin. Vielleicht schlafen Sie schlecht, bewegen sich zu wenig oder leiden an Mineralstoffmangel. Je nach Form und Farbe der Schattierungen rund um das Auge kann der Experte auch verschiedene Krankheitsbilder diagnostizieren. Mir ist allerdings in erster Linie wichtig, dass Sie sich stark und energiereich fühlen. Und wenn Ihre Augen in dunklen Höhlen oder in grauen Tälern liegen, dann wissen wir beide, dass Sie nicht gerade vor überschüssiger Energie platzen. Also, wo ist sie, Ihre Energie? Versuchen Sie sich zu erinnern, ob das schon immer so war, schon länger so geht oder ob aktuell massive Energieräuber Ihnen Ihr Leben schwer machen.

Das Energiesystem von Niere, Blase und Leber zeigt sich übrigens auch häufig im oder am Auge. So steht ein recht eingesunkener, dunkler unterer Augenbereich für eine Erschöpfung der Niere und Tränensäcke weisen auf eine Wassereinlagerung hin. Ein Problem mit der Leber, die in unserem Körper auch für Entgiftung, Reinigung und Reparatur zuständig ist, zeigt sich an den Augenbrauen und am Augenweiß. Ein Energiemangel wird sichtbar durch spärliche Augenbrauen.

Deswegen seien Sie hier achtsam, wenn Ihnen in letzter Zeit die Augenbrauenhaare ausgefallen sind oder nicht mehr nachwachsen. Wenn das Weiß in Ihren Augen rot, gelb oder andersfarbig ist, kann das für eine Belastung der Leber sprechen oder gar für eine Leberentzündung.

Ent-falten Sie sich

Die Emotionen, die unmittelbar mit der Leber verbunden sind, sind übrigens Wut und Ärger. Diese Emotionen lassen sich auch besonders gut am Bereich zwischen Ihren Augenbrauen ablesen. Dieser Bereich kann dann ziemlich verknittert aussehen und in der Regel durch zwei senkrechte Falten gekennzeichnet sein. Auch eine mittige Steilfalte spricht für alten unterdrückten Ärger und einen Raubbau an den eigenen Kräften. Sie wird in der chinesischen Gesichtsdiagnose auch, je nach Tiefe und Länge, »hängende Nadel«, »hängender Dolch« oder »hängendes Schwert« genannt. Es kann sich um einen tiefgehenden Ärger z. B. mit einem Familienmitglied handeln, den der Betroffene nicht angehen will. Wenn der Ärger nicht aus der Welt geschafft wird, dann kann das hängende Schwert demjenigen direkt vor die Füße fallen und der Betroffene kann keine weiteren Schritte tun. Fortschritt und Entwicklung bleiben aus, weil das Problem verdrängt worden ist. Auch Verfärbungen zwischen den Augenbrauen geben einen Hinweis auf eine Lebererschöpfung, Ärgernisse oder Depressionen.

Zornesfalten

Wenn Sie mir genau zwischen die Augenbrauen sehen, dann werden Sie zwei senkrechte Falten entdecken, die eine stärker ausgeprägt als die andere. Im Volksmund heißen sie Zornesfalten und es gibt Menschen, die sich diese regelmäßig mit einer Portion des Nervengiftes Botulinumtoxin, besser bekannt als Botox, wegspritzen lassen. Mir ist aufgefallen, dass meine Fältchen weniger auffällig sind, wenn ich viel Wasser trinke und vor allem gut schlafe. Diese beiden Dinge kommen allerdings nur vor, wenn ich ausgeglichen und fröhlich bin – mich wohl in meinem Leben fühle. Je ungeduldiger, gehetzter und verärgerter ich bin, desto böser und faltiger sehe ich aus.

Das Ziel heißt aber nicht Botox, das Ziel heißt gute Beziehungen und Wohlbefinden. Und wie Sie bereits wissen und in diesem Buch auch immer wieder erfahren werden, ist unser Wohlbefinden in erster Linie von positiven Emotionen abhängig. Natürlich weiß ich, dass ich diese Falten nicht völlig wegbügeln kann. Denn irgendwann in der Vergangenheit, als ich noch mit einem Waffenarsenal unterwegs war und eine kleine blöde Bemerkung mich ärgerlich machen konnte, hatten die Fältchen ausreichend Gelegenheit, sich tiefer in meine Haut zu graben. Jede Stresssituation, Skepsis, Misstrauen und Kampfansagen ließen diesen typischen Gesichtsausdruck entstehen, bei dem ich die Augenbrauen zusammenzog und die Stirn in Furchen legte. Wenn Sie wie ich Träger harter Kontaktlinsen sind, unterstützen Sie diese Faltenbildung noch. Dann sind Sie es wahrscheinlich gewohnt, auch bei Müdigkeit, Überanstrengung und orkanartigen Böen die Augen zusammenzukneifen und die Stirn in Falten zu legen. Das alles macht nicht unbedingt schöner, doch Sie wissen jetzt, dass das Entfalten Ihrer Persönlichkeit und Ihrer guten Gefühle durchaus auch ein Entfalten Ihrer Haut nach sich ziehen kann.

Die Falten zwischen den Augenbrauen, besonders wenn sich eine lang und kräftig bis zur Nasenwurzel zieht, gehören meistens zu Menschen, die nichts so einfach auf die leichte Schulter nehmen. Sie machen sich in der Regel zu viele Gedanken und Sorgen. Sie grübeln nach und gehen dabei gern in die Tiefe. Sie sind vorsichtig, skeptisch und ängstlich – selbst dann, wenn sie nach außen mutig, leidenschaftlich, aggressiv und kämpferisch auftreten. Ein bisschen mehr Oberflächlichkeit, oder besser gesagt Leichtigkeit und Gelassenheit, würden ihnen gut stehen.

Lach- oder Kummerfältchen?

Die Falten in unmittelbarer Augenumgebung sprechen auch eine deutliche Sprache. Wenn wir lächeln oder lachen, werden sie sichtbar. Es sind diese wunderbaren Lachfältchen, die von den äußeren Augenwinkeln nach oben strahlen. Hiervon haben wir umso mehr, je mehr es in unserem Leben zu lachen gibt. Es sind die Falten der Freude, der Fröhlichkeit und eines leichten Lebens. Umso trauriger die Tatsache, dass sie hier in Deutschland Krähenfüße genannt werden, was natürlich weniger charmant klingt. Diese Falten sind nicht nur ein Zeichen für wundervoll positive Gefühle und jede Menge Glückshormone, die den Körper durchströmen, sie sehen auch wunderschön aus.

Falten des Glücks und der Freude sind es allerdings nur, wenn sie nach oben gehen. Wenn sie sich vom äußeren Lidwinkel nach unten ziehen, dann sind es Linien der Traurigkeit. Diese Kummerfalten zeigen deutlich an, dass Herzschmerz und emotionale Erschöpfung nicht ausgeblieben sind. Die meisten Menschen, die schon Leben hinter sich gebracht haben, haben beide Linien. Wenn eine Falte sehr weit nach unten bis in den Wangenbereich ausstrahlt, spricht das für einen tiefen Kummer und für eine tief empfundene Trauer.

Lost love lines – die Linien der verlorenen Lieben

Es gibt in der chinesischen Gesichtsdiagnostik noch einen Begriff, der mit »lost love lines« treffend übersetzt ist. Dieser Ausdruck gefällt mir gut. Denn es geht nicht nur um Lieben in Form eines Partners, der nicht mehr zu unserem Leben gehört. Vielmehr geht es um den Verlust eigener Persönlichkeitsanteile, die im Laufe unseres Lebens auf der Strecke geblieben sind. Es ist ein Stück Sehnsucht nach der Vergangenheit, nach einem alten Ich. Ein Talent oder ein Traum, den wir nie leben konnten. Momente aus unserem kindlichen Dasein, in das wir uns gern zurückbeamen würden. Vielleicht aber auch einer Unbeschwertheit, einer Kraft oder einer Schönheit, der wir nachtrauern. Sie finden diese Linien unter dem Auge. Sie strahlen vom inneren Augenwinkel nach unten und wenn sie bis in die vorderen Wangen ziehen, dann ist auch diese Traurigkeit recht ausgeprägt.

Was bringt Ihre Augen zum Strahlen?

Der Ausdruck der Augen hat natürlich eine Menge mit dem zu tun, was wir schon alles in unserem Leben gesehen und damit auch gefühlt haben. Ich komme später noch darauf zu sprechen, dass die Art, wie wir etwas fühlen, sehr individuell ist, weil das Gesehene unterschiedlich ist und abhängig von dem Erfahrungshorizont einer Person bewertet und beurteilt wird. Wenn wir viele positive Emotionen haben, dann strahlen, leuchten und lachen unsere Augen.

Doch bei einer Verstärkung der negativen Gefühle wirkt der Blick hart und stumpf, die Augen können glasig oder trüb aussehen. Sie scheinen ausdruckslos, müde und erschöpft. Im Coaching traf ich einen homosexuellen Mann, der eine besonders schwere Phase im Leben durchmachte. Er ist ein ausgesprochen gepflegter und auch eitler Mann. Haare und Bart sitzen perfekt, fast wie gemalt, die Hände sind wunderbar manikürt und ab und zu, um ein wenig jünger, ausgeschlafener und praller auszusehen, geht er zu einem Beauty-Doc und lässt ein bisschen Hyaluron oder Botox spritzen. »Ich will mir mal was gönnen«, sagte er zu mir und schaute mich mit einem Lächeln an. Seine Augen wirkten glanzlos und sein Bick leer. Ich konnte das Sonnenaufgangsphänomen erkennen, einen weißen Rand unterhalb der Iris. Dieses Phänomen kann bei Erschöpfung oder in depressiven Phasen auftreten. Eigentlich hätte dieser Mann auch gar nicht viel sagen müssen, denn sein Leid und die eingenommene »Opferhaltung« standen ihm im Gesicht geschrieben.

Bei den Männern, die zu meinem Coaching kommen, fallen mir öfter die Augen auf. Ein paarmal ist mir auch schon die Tatsache aufgefallen, dass das linke Auge – das Emotionsauge – bei denen, die sich besonders männlich, entschieden und widerstandfähig geben, geschlossener wirkt als das rechte. Das Oberlid verdeckt die Einsicht in die Seele und in die Gefühlswelt. Mit ihrem rechten Auge hingegen signalisieren diese Männer Aufgeschlossenheit und Direktheit. Hingegen haben diejenigen, die ihre Schwächen und ihre weiblichen Anteile leichter zum Ausdruck bringen können, oft ein größeres, feuchteres linkes Auge oder einen insgesamt offenen Blick. Sie erinnern sich: Die Seite, die vorzugsweise in der Öffentlichkeit gezeigt wird, ist die rechte.

Was können Sie nicht mehr sehen?

Nun kommen wir mal zu Ihnen. Wen oder was sehen Sie denn gern? Was sehen Sie gern bei sich selbst? Was würden Sie gern auf der Welt sehen? Eine gute Übung ist, hier einfach einmal aufzuschreiben, was und wen Sie während des Tages, der Woche oder des Monats sehen. Es gibt Menschen, vielleicht Ihre Familie, Freunde und Arbeitskollegen, die Sie häufig sehen. Fragen Sie sich: Tut mir das gut? Ist das schön, was ich sehe? Oder fällt es mir womöglich schwer, das mitansehen zu müssen? Seien Sie bitte ganz ehrlich mit sich selbst, selbst dann, wenn Ihre eigenen Gefühle Sie erschrecken.

Es kann sein, dass Sie den eigenen Ehepartner nicht mehr sehen können oder sich Ihr Magen umdreht beim Anblick Ihres Chefs. Vielleicht können Sie auch bestimmte Situationen nicht mehr sehen, nicht mehr ertragen und beginnen unbewusst, wegzuschauen. Es kann sein, dass Sie die Unordnung oder den Stress nicht mehr aushalten können, und Sie bekommen ein nervöses Augenzucken. Ihr Blick kann auch erkalten, angespannt oder traurig wirken, wenn Sie zu viele menschliche Tragödien und Katastrophen im Fernsehen gesehen haben und diese inneren Bilder regelmäßig in Ihnen hochflackern. Auch der Weg zur Arbeit vorbei an einer Mülldeponie oder der Blick aus dem Schlafzimmerfenster auf den angrenzenden Friedhof – es sind die kleinsten Mikromomente einer trübsinnigen Sicht, die Sie stark beeinflussen können.

Das ist übrigens kein Apell, die Augen vor dem Elend dieser Welt zu verschließen und auf eine sozialkritische und politische Meinung zu verzichten. Ich möchte Sie vielmehr dafür sensibilisieren, Ihre eigene Stärke zu spüren und – wie eine fein zitternde Kompassnadel – sich selbst den richtigen Weg zu weisen. Und das bedeutet auch, ausreichend schöne Dinge mit den Augen wahrnehmen zu können. Es kann das Gesicht eines geliebten Menschen sein, ein Baum, eine Blume, eine Hundeschnauze, ein Berggipfel, eine Welle, der Himmel, ein paar Manolos, ein hellblauer Bentley oder ein Stück Erdbeertorte – ganz egal, was immer Ihr Auge und Ihr Herz erfreut: Schauen Sie hin!

Nase zeigen!

Als ich zur Welt kam, so erzählte mir meine Mutter, hatte ich eine gebogene, leicht krumme Nase. Ich habe immer noch eine deutliche Nase, doch krumm ist sie Gott sei Dank nicht mehr. Es war wohl nur in den allerersten Tagen der Fall und auf den Fotos aus der Vergangenheit blickt mir ein süßes Kindergesicht entgegen. »Oh, mein Gott, sie sieht aus wie ihr Vater. Sie hat seine arabische Nase«, stöhnte meine Mutter, die sich erst einmal von der Tatsache erholen musste, dass sie ein Mädchen geboren hatte und keinen – wie in orientalischen Ländern und überhaupt in der damaligen Zeit gern gesehen – kräftigen Jungen.

Zwei Jahre später wurde mein Bruder geboren, seine Nase ist auch etwas größer, aber von Anfang an so gewollt und richtig. Meine Nase, die wie gesagt mit den Jahren unauffälliger wurde (ich glaube, je älter ich werde, desto dominanter wird sie wieder) war für mich persönlich und auch für andere übrigens nie ein Thema. Ich hatte mit anderen Problemen zu kämpfen, um als Frau und starke Persönlichkeit im Leben einen Platz zu finden. Wie ich meinen Weg zu einem gesunden Selbstbewusstsein finden konnte innerhalb dieser gemischten Konstellation, ist ein anderes Thema, aber ich musste in jungen Jahren einige Schlachten führen und so manches Veto einlegen. Wenn ich genau darüber nachdenke, dann habe ich jedes Jahrzehnt einen großen

Schritt hin zu mehr Selbstbewusstsein und mehr Selbstbestimmung gemacht.

In der chinesischen Kultur ist die Zeit direkt vor und nach einem runden Geburtstag eine Zeit des Wandels, der Transformation und des Aufbruchs. Und so war es auch bei mir. Den größten Schritt habe ich tatsächlich erst vor einigen Jahren gemacht, einige Monate vor meinem fünfzigsten Geburtstag. Bei vielen Menschen ist genau diese Zeit um den fünfzigsten Geburtstag herum eine Zeit, in der plötzlich Erinnerungen hochkommen, alte Wunden schmerzen oder neue Sehnsüchte ihren Platz verlangen. Leider kann das auch schon mal schmerzlich ablaufen und neue Linien im Gesicht sowie neue Krankheiten begleiten diesen emotionalen Umwälzungsprozess.

Es ist ein unglaublicher Erfolg, wenn wir es bis dahin geschafft haben, genau zu wissen, wer wir sind und was uns guttut. Wenn wir mutig genug sind, um zu uns selbst zu stehen und uns so zeigen zu können, wie wir wirklich sind. Und genau das ist mit »Nase zeigen« gemeint. Es hat etwas mit Courage zu tun, die wir haben, wenn wir für uns und unsere Werte tapfer einstehen.

Große Nasen, kleine Nasen

Ist es nicht merkwürdig, dass viele Menschen sich die Nase operieren lassen, obwohl sie ein ansehnliches Exemplar haben? Vielleicht nur ein bisschen größer, eine Spur dominanter. Oft zu finden bei Menschen, die auch Ecken und Kanten im Gesicht haben. Eine betonte Nase steht für einen starken Charakter, für Willensstärke, für Führungsqualitäten und für die Fähigkeit, Verantwortung zu tragen. Das hört sich doch gar nicht so verkehrt an. Und trotzdem lassen sich viele Menschen, sogar Männer, ihre Nase verkleinern. Ob die wohl folgendes Sprichwort vergessen haben: An der Nase eines Mannes erkennt man seinen Hannes? Doch Spaß beiseite: Was treibt einen Mann dazu, seine ausdrucksstarke Nase gegen ein kleineres Modell, Version Barbie oder Stupsnase, einzutauschen? Vielleicht hat er ein kindliches Gemüt und eine Schwäche für Micky Maus. Vielleicht hat er aber auch eine

wirklich große Nase, einen Zinken, der ihm wahre Minderwertigkeits-
komplexe bereitet und auch von anderen als unschön empfunden
wird. Dann kann die ästhetische Chirurgie vielleicht doch ein kleines
Wunder vollbringen und einen Menschen wieder zum Strahlen bringen.

Kennen Sie die Filmkomödie »Roxanne« von 1987 mit Steve Martin in
der Hauptrolle? Er spielt den Leiter der örtlichen Feuerwehr. Einen
Mann, der über eine umfassende Allgemeinbildung und ein großes
psychologisches Wissen verfügt. Er ist sprachlich gesehen ein Feuerwerk, wortgewandt, poetisch und schlagfertig. Doch er hat einen auf-
fälligen Makel: eine wirklich übergroße Nase. Völlig unrealistisch und
überzeichnet. Für wirklich jede Frau zu viel des Guten. Im Film ist er
in eine junge Frau verliebt, die aber einen anderen bevorzugt. Für diesen findet er die richtigen Worte, die das Herz der Angebeteten
schmelzen lassen. Sie können es sich schon denken: Am Ende wird alles gut. Die junge Frau erkennt, dass der Typ mit der langen Nase der
Romantiker ist und sie sich in seine Worte verliebt hat. Am Ende entscheidet sie sich für ihn und der erste Kuss gestaltet sich aufgrund der
langen Nase umständlich.

Wenn Sie jetzt denken, so etwas gibt es nur im Film, dann haben Sie
vielleicht auch recht. Denn eine unerwünscht starke Auffälligkeit kann
in der Tat das Selbstwertgefühl gnadenlos in den Boden stampfen.
Wenn eine Operation einen Ausweg aus diesem Dilemma liefern kann
– warum nicht! Im Iran sind Nasenoperationen bei Frauen übrigens
sehr beliebt. Eine Klientin erzählte mir, jede zweite Frau dort habe die
Nase operiert, zumindest dann, wenn sie es sich finanziell leisten kön-
ne. Da viele Iranerinnen wohlhabende Männer zum Heiraten bevor-
zugen, können sie sich ein Leben in Luxus und mit »schöner« Nase
leisten. Die kleine, unauffällig und leicht nach oben gebogene Stupsnase ist das bevorzuget Modell. Die Nase erinnert ein bisschen an eine
Kinder- oder Babynase. Zusammen mit groß geschminkten Augen
und Schmollmund wird das Bild von kindlicher Niedlichkeit, Naivität
und Unschuld perfekt. Ein aufgesetztes Lächeln und eine weiche Hand
zur Begrüßung machen die Maske komplett. In allen Ländern, in denen Frauen immer noch zu angepassten und unterdrückten Wesen er-

zogen werden, sollte man Nasenoperationen besonders kritisch sehen und den Fokus auf »Nase zeigen« und Selbstbestimmung legen.

Eine kleine Nase muss nicht zwangsläufig bedeuten, dass wir es mit einer schwachen und beeinflussbaren Persönlichkeit zu tun haben. Es kann sich um einen Menschen mit einem Sinn für Ästhetik und Schönheit handeln. Es kann ein fleißiger, teamfähiger und auf Harmonie bedachter Mitarbeiter sein. Kleine Nasen passen sich lieber an, als in Führung zu gehen. Während große Nasen innerhalb der Gesichtsdeutung eher für eine große Ich-Stärke und ein starkes Erfolgsstreben sprechen, stehen kleinere Nasen für Passivität und Gemeinschaftssinn. Sie wollen nicht aus der Masse hervorstechen, sondern spielerisch einen angenehmen Platz in entspannter Atmosphäre finden.

Jede Nase eine Persönlichkeit

Doch natürlich gibt es viele andere Kennzeichen im Gesicht und auch am körperlichen Erscheinungsbild, durch die unser Gesamteindruck sich festigt und die uns ermöglichen, verschiedene Rückschlüsse aus dem Verhalten einer Person zu ziehen. Ein breiter Kiefer und ein kräftiges Kinn deuten zum Beispiel auf eine große Willensstärke und Durchsetzungskraft hin, selbst dann, wenn die Nase eher klein wirkt. Eine Nase kann auch etwas kleiner sein, aber dafür sehr fleischig und ein chinesischer Gesichtsleser erkennt sofort, dass es sich um einen Menschen handelt, dem auch Materielles und damit verbundene Sicherheit wichtig ist und der wahrscheinlich Freude daran hat, Vermögen und Besitztümer anzuhäufen. Eine breite und flache Nase, die sogenannte Boxernase, gehört weniger intellektuellen und mehr pragmatischen und körperbezogenen Persönlichkeiten. Und lange große Nasenlöcher sprechen dafür, auch verschwenderischer mit Geld und der eigenen Energie umgehen zu können, während Menschen mit kleinen Nasenlöchern lieber sparsamer und kontrollierter sind und sich genau überlegen, wofür sie ihr Geld ausgeben. Es gibt noch unendlich viele Feinheiten, die uns einen Hinweis auf unsere Persönlichkeit oder unser Benehmen geben können. Doch das wirklich Wichtige ist die Akzeptanz unserer selbst und die Fähigkeit, diese mutig und stolz nach außen zu präsentieren. Zeigen Sie also Nase, gleichgültig, ob Sie jetzt eine kleine, fein geschwungene oder eine stolze, große haben, und lassen Sie sich nicht von anderen herumkommandieren. Machen Sie sich und Ihre Nase (vorausgesetzt, Sie haben kein medizinisches Problem und keinen Komplex aufgrund einer Monsternase) nicht kleiner und bieten Sie anderen die Stirn. Zeigen Sie, wenn es drauf ankommt, Ecken und Kanten, Haltung und Stolz. Denn wenn Sie das nicht tun und sich alles gefallen lassen, wenn Sie nicht aufstehen für Ihre Potenziale, Ihre Bedürfnisse und Rechte, dann bleiben Sie früher oder später auf der Strecke. Während Sie noch denken: »Das geht gerade noch«, hat ihr sensibler Körper Ihnen bereits eine Botschaft geschickt.

Jedes Merkmal in unserem Gesicht erzählt eine Geschichte. Und jedes Körpersignal ist eine Botschaft für uns.

Was will meine Nase mir sagen?

Mit Ihrer Nase können Sie riechen und durch Ihre Nase können Sie atmen. Sie kennen sicher die Redewendung »jemanden nicht riechen können«, was so viel heißt wie, ihn nicht leiden oder nicht aushalten zu können. Es ist ein untrügliches Zeichen einer gescheiterten Beziehung, wenn man sich nicht mehr riechen kann. Dann nutzt auch eine Therapie oder Eheberatung nichts mehr, dann ist der Zug abgefahren. Wenn man den anderen nicht mehr hören oder sehen kann, lässt sich vielleicht noch etwas richten. Doch wenn man sich nicht mehr riechen kann, dann ist das Problem bereits tief ins Unterbewusstsein gerutscht.

Gute sowie schlechte Gerüche können uns starke Emotionen bereiten, auf die wir körperlich massiv reagieren. Schlechte Gerüche, wie beispielsweise Schweißfüße, Erbrochenes oder Fäkalien, bringen viele Menschen dazu, spontan mit Übelkeit, Schwindel oder Erbrechen zu reagieren. Hingegen sorgen gute Gerüche, auch Gerüche aus unserer Erinnerung, für ein sofortiges Wohlgefühl. Nutzen Sie diese Einfachheit für gute Gefühle und schnuppern Sie an allem, was Ihnen Freude bereitet. Es kann der Duft von frischen Brötchen oder Kaffee sein, es kann der Bademantel Ihres Freundes oder das Parfüm Ihrer Mutter sein. Riechen Sie an allem, was Ihre Sinne betört. Und sollten Sie ein Problem mit dem Geruchssinn bekommen, dann fragen Sie sich: Was in meiner Umgebung kann ich nicht mehr riechen?

Sämtliche Befindlichkeitsstörungen und Krankheiten, die sich um die Nase drehen, haben in letzter Konsequenz etwas mit der Selbstwahrnehmung, dem Selbstwert und mit Selbsterkenntnis zu tun. Der Atemapparat steht für den Austausch der Innen- mit der Außenwelt und der damit verbundenen Kommunikation. Probleme mit der Nase, dem Geruchssinn, dem Aufspüren können einen Hinweis darauf geben, dass wir zu viel von uns verlangen und zu Perfektionismus neigen. Es ist die Angst vor Kritik und Ablehnung, die sich hinter solch einem Beschwerdebild verbirgt. Die Nase ist eng verbunden mit der Stirnhöhle und im übertragenen Sinne steht diese Verbindung für ein intuitives Gespür. Nicht umsonst sagt man: »Ich kann den Braten riechen«, »Dafür habe ich eine Nase« oder »Dafür habe ich einen Riecher«. Wir können eine Fährte aufnehmen, der Sache auf die Spur kommen, den richtigen Riecher haben.

Wovon haben Sie die Nase voll?

Bei einer verstopften Nase können wir uns fragen, wovon wir eigentlich die Nase voll haben. Wir sind dann geneigt, uns eine spezielle Situation oder verschiedene Menschen ins Gedächtnis zu holen. Und in der Tat kann irgendwas oder irgendwer uns zu diesem Zeitpunkt das Leben schwer machen. Doch wir akzeptieren es schweigend und machen gute Miene zum bösen Spiel. Wir machen in der Nase dicht und atmen nicht die volle Portion ein, weil wir diesen Zustand und dieses Leben eigentlich nicht akzeptieren können. Durch die Verstopfung in der Nase machen wir zu und lassen alles, was uns mehr schadet als guttut, außen vor. Wir atmen es nicht tief in uns ein, weil es uns zu schmierig ist. Dicke Luft. Was wir dabei nicht merken, ist, dass wir unseren eigenen Selbstwert untergraben und es viel besser wäre, diesen zu erkennen und an der aktuellen Situation etwas zu verändern. Spätestens dann, wenn uns immer wieder oder chronisch eine Nebenhöhlenentzündung plagt, lohnt es sich, sich selbst einige Fragen zu stellen: Was kann ich nicht ausstehen? Wen kann ich nicht mehr riechen? Welche Situation ist nicht mehr zum Aushalten?

Sicher denken Sie jetzt, Ihre verstopfte Nase liege doch am Klima oder Sie hätten eine Allergie, und außerdem seien alle in Ihrem Umfeld ständig erkältet. Ich will Ihnen Ihre nachvollziehbar klingenden Erklärungen keineswegs streitig machen, doch es lohnt sich – und das weiß ich aus eigener Erfahrung und aus den Berichten meiner Klienten –, sich die richtigen Fragen zur richtigen Zeit zu stellen. Unser Körper ist in der Lage, sich ein psychosomatisches Schutzsystem aufzubauen, ohne dass wir davon irgendetwas bewusst mitbekommen. Er ist viel raffinierter, als Sie und ich denken. So kann ein ständiges Laufen der Nase auch auf eine Traurigkeit hindeuten, ähnlich einem Weinen. Und Nasenbluten ist ein Zeichen für eine Sehnsucht nach Anerkennung. Vielleicht will diese Person gesehen werden und so Aufmerksamkeit erzeugen. Vielleicht ist ihr auch die Lebensfreude abhandengekommen. Wenn Sie eine einfache Erkältung und ein Schnupfen plagen, dann macht es Sinn, sich nach der momentanen Energielage zu erkundigen. Ihr Körper gibt Ihnen das Zeichen, dass er sich mehr Ruhe wünscht. Die Nase ist verstopft und im Kopf geht alles drunter und drüber. Es ist Zeit, sich auszuruhen und seine Gedanken zu ordnen, um die richtigen Entscheidungen treffen zu können.

Eine meiner Klientinnen erzählte mir von ihrer chronischen Sinusitis. Mindestens zweimal im Jahr war ihre Atmung über Wochen beeinträchtigt und oft endete das Ganze mit einem verschreibungspflichtigen Antibiotikum, das in der Folge für einige Monate Besserung brachte – bis zum nächsten Mal. Sie hatte in dieser Zeit mehrere Ärzte und Spezialisten aufgesucht und von Nasenspülungen über Rotlichtbehandlung bis zu Akupunktur mit gleichzeitiger Sauerstofftherapie alles ausprobiert. Es lag kein Befund vor, der einen operativen Eingriff rechtfertigte, und die meistgestellte Diagnose lautete: Chronische Nebenhöhlenentzündung aufgrund der klimatisch schlechten Bedingungen, die zu Allergien und Atembeschwerden führen können. Dann passierten drei Sachen in Folge: Erst starb ihre Mutter, dann reichte sie die Scheidung ein und dann lernte sie eine Frau kennen und lieben. Und was glauben Sie, was passiert ist? Die Nase war frei, die Entzündungen waren »Schnee von gestern« und sie konnte endlich tief durchatmen.

Was will mein Mund mir sagen?

Lassen Sie uns jetzt gemeinsam über Ihre Kommunikation nachdenken. »Man kann nicht nicht kommunizieren« – dieser Satz stammt von dem bekannten Psychotherapeuten Paul Watzlawik, den einige von Ihnen sicher durch sein berühmtes Buch »Anleitung zum Unglücklichsein« kennen. Wenn Sie kommunizieren, dann tun Sie das auf drei Ebenen: durch Selbstgespräche bzw. eigene Gedanken, durch Körpersprache und durch das gesprochene Wort. Also alles, was Ihnen im wahrsten Sinne des Wortes über die Lippen kommt. Die verbalen Ausdrucksmöglichkeiten sind vielfältig und manchmal ist es besser, seine Meinung laut zu sagen, und ein anderes Mal ist Schweigen Gold. Wenn Sie es allerdings vorziehen, in einer Situation schweigsam zu sein, obwohl Ihre Gefühle Ihnen innerlich weh tun und in Form von Wörtern, über Ihre Lippen wollen, dann ist das Ihrer Gesundheit überhaupt nicht zuträglich. Die negativen Emotionen bleiben dann im Körper gefangen und suchen sich auf Körperebene in Form von Krankheiten ein Ventil.

Sprechende Körpermerkmale

Schauen wir uns zunächst einmal an, welche Körpermerkmale und Organe mit der verbalen Kommunikation in Zusammenhang stehen. Zunächst wären da die offensichtlichen Merkmale im Gesicht: Mund

und Lippen. Genau wie die Augen haben Mund und Lippen besondere Bedeutung, denn es heißt nicht nur: »Ich kann es dir von den Lippen ablesen«, sondern durch die feinen Bewegungen des Mundes werden auch unsere Gefühle sichtbar. Sie wissen doch: Ein Lächeln kann verzaubern, die herausgestreckte Zunge beleidigen und ein Anspucken einen Menschen abwerten und demütigen. Ein Flöten und ein Lachen bringen Fröhlichkeit zum Ausdruck, und bei Freude gehen die Mundwinkel nach oben. Wenn wir hingegen traurig und enttäuscht sind, jammern und weinen, dann verzieht sich der Mund in Falten und die Mundwinkel hängen nach unten. Ganz ohne Worte können unser Mund und die Lippen sprechen und zum Beispiel durch einen Kuss unsere Zuneigung verraten. Wir nehmen mit dem Mund Nahrung auf. Die Chinesen glauben, dass mit der Größe des Mundes auch der Appetit wächst. Es muss sich dabei nicht automatisch um Essen handeln, es kann sich auch um einen Hunger nach Wissen, Informationen, nach Aufmerksamkeit und Zuneigung handeln. Alles Dinge, die wir auch wieder durch unseren Mund zum Ausdruck bringen.

Großer Mund, kleiner Mund, volle Lippen, schmale Lippen

Menschen mit einem großen Mund sind großzügig und machen gern Geschenke. Das kann auch sehr spontan passieren, ohne dass sie viel darüber nachdenken. Hingegen spricht ein kleiner Mund diesbezüglich für mehr Zurückhaltung. Es sind Menschen, die länger darüber nachdenken, wem sie was und warum schenken. Volle Lippen stehen im Allgemeinen für gefühlsbetonte und sinnliche Menschen, während schmale Lippen häufig zu einem vernünftigen und pragmatischen Typ Mensch gehören. Mit Sinnlichkeit meine ich nicht ausschließlich Sexualität. Denn ein sexuelles Verlangen und Begehren kann bei Schmallippigen sogar stärker ausgeprägt sein, weil sie wenig andere Ausdrucksformen von Sinnlichkeit finden. Dagegen schwelgen Menschen mit vollen Lippen gerne in einem guten Gefühl. Vielleicht lecken sie noch die Sahne vom Löffel, riechen an den frischen Blumen, lassen den milden Frühlingswind durch ihr Haar ziehen und lieben das sanfte Streicheln ihres neuen Kaschmirpullis auf der Haut. Eine volle

Unterlippe signalisiert einen leidenschaftlicheren Menschen, der auch genießen kann. Manchmal wirkt ein Mund schmal, weil sein Besitzer die Lippen stark aufeinanderpresst. Es handelt sich dann um einen Menschen, der seine wahren Gefühle nicht so gut durch Worte ausdrücken kann. Er ist eher zurückhaltend und wird sich höchstens einer sehr vertrauten Person öffnen können. Oft bemerke ich bei Männern schmale Lippen, die zeigen, wie sehr sie ihre Gefühle unter Kontrolle halten wollen, um stark und männlich zu wirken.

The best way I know to plump up the lips is to kiss more! Kissing is a prescription in my practice!

Lillian Pearl Bridges

Wenn Lillian Pearl Bridges das Küssen als wirksamste Medizin für volle Lippen bezeichnet, bezieht sie Stellung gegen Implantate und Injektionen, die die Lippen voller wirken lassen. Volle Lippen signalisieren Genussfreude und Sinnlichkeit. Also ist es nötig, hier anzusetzen und an den Stellschrauben im eigenen Leben sinnvoll zu drehen. Seien Sie sinnlich, genießen Sie und küssen Sie öfter, wenigstens in Gedanken, wenn noch nicht der oder die Richtige zum Küssen da ist. Lillian Pearl Bridges weiß, wovon sie spricht. Mittlerweile ist sie 60 Jahre alt, hat einige Ehen hinter sich und strahlt eine Mischung aus Weisheit und Lebenslust aus. Sie wirkt jünger, als sie ist, und wenn sie ihre Geschichten erzählt, dann strahlt sie über das ganze Gesicht und ihre Augen leuchten kokett um die Wette.

Lillian Pearl Bridges ist meine Lehrmeisterin in Sachen Face-Reading und die meisten Deutungen und Informationen, die Sie hier lesen, gründen auf ihrem seit vielen Generationen überlieferten und gelehrten Wissen. Der für mich wichtigste Satz, den sie immer wieder bei ihren Vorträgen und Seminaren sagt, lautet: »There is no bad emotion. A bad emotion is a stuck emotion.« Es gibt also keine schlechten Emotionen, sondern nur Emotionen, die irgendwo im Körper festsitzen, und diese Problematik zeigt sich dann auch im Gesicht. Unsere Herausforderung ist es, diese Emotionen zu verstehen und auszudrücken, um sie dann ziehen zu lassen. »Let it go!«, heißt das auf Englisch und drückt eine gewisse Klarheit und Einfachheit aus. Dabei ist das Loslassen alter Gefühle und Muster eine der schwierigsten Aufgaben, die wir Menschen zu erfüllen haben, wenn wir ein gesundes und glückliches Leben anstreben.

Wie sieht Ihr Mund aus?

Wenn Sie nun Ihren eigenen Mund genauer unter die Lupe nehmen, dann vergessen Sie nicht, ihn in Relation zur Nase und den anderen Proportionen zu betrachten. Ein großer Mund mit langen Lippen ist meist auch in dem Gesicht extrovertierter Menschen zu finden, die gern auf der Bühne stehen und die Anerkennung eines Publikums suchen. Sie sind offen und aufgeschlossen, kommen schnell mit anderen ins Gespräch und wirken sofort sehr freundschaftlich. Manchmal können sie jedoch auch flatterhaft sein und anderen nach dem Mund reden. Menschen mit einem kleinen Mund und kurzen Lippen sind vermutlich introvertierter. Sie sind selten Entertainer oder Geschichtenerzähler, dafür sind sie klar, ernsthaft und stehen zu ihrem Wort.

Wenn Sie einen Gesprächspartner suchen, mit dem Sie über Gefühle oder Ihr Sexualleben sprechen wollen, dann suchen Sie sich jemanden aus mit vollen Lippen. Von ihr oder ihm werden Sie auch sehr persönliche Dinge erfahren können. Sollten Sie sich jedoch für einen Gesprächspartner entscheiden, der dünne Lippen hat, dann werden Sie vermutlich besser über Wissenschaft, Politik oder andere Sachthemen sprechen können. Diese Menschen sind verschlossener und halten Persönliches gern aus ihren alltäglichen Gesprächen heraus.

Schauen Sie sich also Ihren Mund und die Lippen genau an: Halten Sie Ihren Mund verschlossen und die Lippen fest aufeinandergepresst oder ist die Muskulatur in einem entspannten Modus? Wenn Emotionen herausdrängen und Sie diese zurückhalten, ist das auf Dauer keine gute Lösung und ausgesprochen ungesund. Auch die Haut um die

Lippen herum gibt uns einen Hinweis. So sprechen viele kleine Fältchen entweder für einen starken Raucher oder für einen unzufriedenen und manchmal sogar verbitterten Menschen. Er hat sich wahrscheinlich nicht anerkannt und gelobt gefühlt, obwohl er sich meist verbissen und mit verkniffenen Mundwinkeln an die vorgegebenen Regeln gehalten hat.

Wir können natürlich auch die Form des Mundes oder besser gesagt die Richtung der Mundwinkel ändern. Zumindest für diesen Moment. Und wenn wir von Herzen täglich über Jahre trainieren, dann vielleicht auch für einen längeren Zeitraum. Allerdings ist unsere Haltung hierbei ganz entscheidend, denn wenn wir freudig und optimistisch sind und diese Gefühle verinnerlichen, dann weisen die Mundwinkel in die Höhe. Gehören wir allerdings zu der Fraktion, die zu Pessimismus und Schwarzmalerei neigt, dann ziehen sich die Mundwinkel nach unten. Je mehr negative Emotionen wir in unserem Inneren speichern, desto mehr zieht mimisch und körpersprachlich gesehen alles nach unten. Wir lassen uns, unser Gesicht und unseren Körper dann hängen.

»Metamedizinisch« betrachtet geben die Lippen und ihre feine Mimik Auskunft darüber, ob wir ein aufgeschlossener Mensch sind oder ob wir Probleme haben, uns auszudrücken. So stehen gesundheitliche Störungen im und um den Mund herum oft für Kommunikationsschwierigkeiten. Zur Analyse wird die Oberlippe für die weibliche und emotionale Seite genutzt, während die Unterlippe das Männliche und Rationale verkörpert.

Was die Lippen über Ihre Kommunikation aussagen

Wenn Sie also versuchen, Störungen zu analysieren, dann hilft Ihnen die Erkenntnis, dass es einen deutlichen Zusammenhang mit der Kommunikation und den zwischenmenschlichen Beziehungen gibt. Wenn Sie trockene Lippen haben, können Sie sich fragen, ob Ihr Bedürfnis nach Kommunikation gestillt ist, ob Sie sich einsam fühlen oder vielleicht mehr küssen wollen. Ein Herpes symbolisiert Ihnen vielleicht ein Gefühl von Wut auf eine Person, die Sie zurückgewiesen hat, oder Sie sind sauer und fühlen sich allein mit Ihren Gefühlen. Wenn die Lippen verletzt oder blutig sind, dann fühlen Sie sich vielleicht besonders traurig und sind frustriert über die Tatsache, keine Zärtlichkeit austauschen zu können. Probleme im Mundinneren wie Apthen, Mundgeruch oder verminderter Speichelfluss, alles kann uns einen Hinweis darauf geben, dass wir wütend und unzufrieden sind, jedoch Probleme damit haben, unsere inneren Emotionen nach außen zu tragen.

Da Sie mittlerweile wissen, dass Schönheit von innen kommt, wird es Ihnen leichtfallen, äußere Merkmale zu erkennen und sich selbst die entsprechenden Fragen zu stellen. Schauen Sie genau hin und Sie werden erkennen, was Ihr Körper Ihnen zu sagen hat. Natürlich spielen auch biochemische Vorgänge im Körper eine große Rolle. Vitamine, Eiweiße, Enzyme und Mineralstoffe können gerade in stressigen Zeiten wahre Wunder wirken und fantastische Schönmacher sein. Doch dazu mehr im letzten Kapitel des Buches.

Der Weg der Nahrung steht für den Weg des Lebens

Wenn wir die Nahrung, die wir durch den Mund aufnehmen, als eine Art Metapher für Lebenserfahrung sehen, dann liegen die logischen Zusammenhänge förmlich auf der Hand. Dann können wir uns beispielsweise bei Halsproblemen selbst fragen: Was geht mir runter wie Öl, was kann ich nicht schlucken und was bleibt mir förmlich im Hals stecken? Die Redewendungen geben uns viele Anzeichen für versteckte funktionelle Störungen. Denken Sie einmal kurz darüber nach: Was brennt Ihnen auf der Zunge? Was liegt Ihnen schwer im Magen? Was lässt Sie vor Wut schäumen? So wie der Verdauungstrakt uns wertvolle Informationen über unsere Art und Weise, Erlebnisse und Erfahrungen zu verdauen, liefert, so steht der gesamte Atemapparat für weitere Kommunikationswege. Fragen Sie sich: Was schnürt mir den Hals zu? Was nimmt mir die Luft zum Atmen? Wovon habe ich die Nase voll? Was macht mich sprachlos? Wem will ich was husten? Was schmeckt mir nicht?

Gefühle gehen durch den Magen

Es gibt Menschen, die nach einer Scheidung oder dem Tod des Ehepartners geradezu aufblühen, und andere, die in tiefe Depressionen fallen und plötzlich über vermehrtes Unwohlsein und Krankheiten jammern. »Wissen Sie was, Frau Poller, ganz unter uns im Vertrauen: »Seit ich geschieden bin, kack ich die besten Würste der Welt!« Dieser etwas herbe Spruch stammt von einer burschikosen Frau in den Vierzigern, die sich in ihrer langjährigen Ehe nicht mehr wohlfühlte. Ärger, Wut, Frustration und Traurigkeit schlugen ihr regelmäßig auf den Magen und führten zu den unterschiedlichsten Verdauungsstörungen. Sie litt unter einem aufgeblähten Bauch, Völlegefühl, Übelkeit, Magenschleimhautentzündungen, wechselnden Phasen von Durchfall und Verstopfung, Schmerzen und Muskelkrämpfen. Mal war es ein Zwacken, mal ein Stechen und mal ein dumpfer Druck. Sie belagerte förmlich die Wartezimmer und Praxen von Ärzten, Fachmedizinern und Heilpraktikern. Ärzte-Hopping nennt sich das. Sie hatte alles durch: Medikamente, Ernährungsumstellung, Nahrungsergänzungsmittel, Akupunktur, Homöopathie und alles, was der Markt an alternativen Heilmethoden zu bieten hatte. Im Großen und Ganzen war sie organisch gesund und ihr wurde nahegelegt, psychologische Hilfe zu suchen. »Sie haben einen Reizmagen«, »Sie haben einen Reizdarm«, »Sie reagieren auf Stress«, bekam sie zu hören. Sie erzählte mir, dass sie bei einem Workshop zur Befreiung des emotionalen Gedächtnisses mit Ihrem wahren Selbst in Verbindung gekommen sei.

Was können Sie nicht verdauen?

Es waren folgende Fragen, im übertragenen Sinne den Magen-Darm-Trakt betreffend, die einen großen Selbstreflexionsschub auslösten und die sie zu sich selbst und den eigenen Bedürfnissen führten: Was können Sie nicht verdauen oder akzeptieren? Was macht Ihnen Angst? Was macht Sie sauer? Welche Situation entfacht in Ihnen Wut, was finden Sie zum Kotzen? Welche inneren Hass- oder Rachegefühle haben Sie? Und genau das war es. Bingo! Sie hatte ein aufgestautes Gefühl von Wut und Enttäuschung in sich und konnte das Verhalten ihres Ehemannes, das auch noch Parallelen zu dem ihres Vaters aufwies, zu dem sie eine schwierige Beziehung hatte, nicht länger ertragen. Ihr Körper reagierte psychosomatisch und verpasste ihr eine Befindlichkeitsstörung nach der nächsten. Sie war sich dieser Negativschleife und der Zusammenhäng von Körper und Seele nicht bewusst. Klar gab es Probleme in der Ehe, es wurde gestritten und Ärgernisse bis ins Kleinste ausdiskutiert. Aber ist das nicht in vielen Beziehungen so? Da vermutet man eher, etwas Falsches gegessen zu haben, oder Bakterien, Parasiten, Viren als Auslöser oder man schiebt dem schlechten Wetter und der schädlichen Umwelt den Schwarzen Peter zu.

Dabei sind es negative Emotionen, die im Körper behalten werden und dann auf den Magen schlagen oder andere funktionelle Störungen auslösen. Mit der Trennung von ihrem Mann und der Entscheidung, alleine zu leben, hat meine Klientin ihren Gesundheitszustand um 100 Prozent verbessert. Wie von Zauberhand waren sämtliche Magen-Darm-Problematiken der letzten Jahre verschwunden. Diese wundervolle Genesung kann auch erfolgen, wenn Menschen sich von einem tyrannisierenden Chef, der Vorwürfe machenden Mutter oder einem trübsinnigen und auf das Gemüt schlagenden Wohnort trennen. Es ist wichtig, diese Art von Körpersignalen wahrzunehmen und Entscheidungen zu treffen, mag es nun ein schwieriges Gespräch sein, welches anliegt, eine Kündigung oder ein Umzug. Viele Menschen entdecken nicht sofort, dass etwas nicht stimmt, weil sie unbewusst fürchten, Konsequenzen ziehen zu müssen. Es ist eine unserer größten Ängste, eine Entscheidung treffen zu müssen, ohne zu wissen, ob diese die richtige ist. Menschen oder Sachen loszulassen, die eine lange Zeit zu uns gehörten und an die wir uns auch, wenn es nicht immer schön war, irgendwie gewöhnt haben, ist eine unglaubliche Herausforderung. Dann passiert es schon einmal, dass wir uns selbst etwas vormachen und überhaupt nicht bemerken, dass wir gar nicht unser eigenes Gefühl leben und unser eigenes Leben führen. Das ist der Moment, in dem unser Körper uns etwas zuflüstert. Wenn wir nicht hinhören, fängt er an zu schreien. So lange, bis wir seine Botschaft gehört haben.

Wie Sie sich denken können, wirken sich Magen-Darm-Problematiken auch auf unser Aussehen aus. Meist sehen wir dann etwas blass und eingefallen aus, denn wichtige Nährstoffe werden durch die gestörten Magenabläufe nicht mehr bis in die Zellen transportiert. So kann es zum Beispiel durch Eisenmangel zu eingerissenen Mundwinkeln kommen oder auch zu brüchigem Haar und Haarausfall. Die typischen Nasolabialfalten graben sich tiefer in die Haut und ziehen sich tiefer bis zu den Mundwinkeln. Eine dickere Unterlippe kann auf ein Dickdarmproblem hinweisen und Schwellungen der Oberlippe auf Magenstörungen. Magenprobleme sind auch am Hautbild erkennbar und können Mundgeruch verursachen.

Beschützen Sie Ihre wertvolle Lebensenergie

Zu einem großen Teil liegt es in Ihrer eigenen Verantwortung, welche Zeichen und Furchen Ihr Gesicht aufweist und wie gut Sie sich in Ihrer Haut und in Ihrem Körper fühlen. Es ist für mich schon immer eine Selbstverständlichkeit gewesen, dass alles, was sich in unserem Inneren abspielt, einen Weg nach außen sucht. Natürlich kennen wir Frauen so manche Tricks: dunkle Augenränder weichen dem Concealer, rosige Apfelbäckchen werden aufgemalt und Perlmutt im Lidwinkel lässt so manches müde Auge strahlen.

Es gibt auch Menschen, die eine Methodik entwickelt haben, wie sie ihre Gefühle nachhaltig verstecken und einen neutralen Schleier vor das Gesicht ziehen können. Sie entwickeln immer mehr ein Pokerface oder werden zu einer Kunstfigur – modelliert, beruhigt, gezupft und glatt gebügelt, und vermitteln auf den allerersten Blick einen nach außen gesunden Eindruck. Wie Plastik, wie eingefroren. Vielleicht lassen sich ja auch gewisse Emotionen einfach einfrieren. Was ich nicht mehr empfinde, kann ich auch nicht zum Ausdruck bringen. Wenn ich mich gar nicht erst zeige und meine wahre Identität vertusche, dann kann ich auch nicht verletzt werden. Oft handelt es sich hierbei um Menschen, die einem Ideal nachlaufen, die einen gesellschaftlich akzeptierten und propagierten Idealzustand anstreben. Besonders viele Frauen sind davon betroffen und bemühen sich unaufhörlich, anderen Menschen zu gefallen und ein zeitloses Gesicht zu haben.

Kürzlich beim Friseur las ich in einem der gängigen Fashion- und Lifestyle-Magazine: »Tausche Persönlichkeit gegen Plastikgesicht.« Es ging um junge Frauen Anfang zwanzig, die sich vermehrt aufspritzen und ästhetisch manipulieren lassen, um mit Schmollmund und Schlafzimmerblick dem Diktat des Mainstreams Gehorsam zu leisten. Sie lassen sich alle das gleiche Gesicht machen und bemerken gar nicht, wie sie nach und nach ihren Charme und ihre Unverwechselbarkeit verlieren. Das Ziel ist, immer gleich auszusehen, ob mit 25, 45 oder 60 Jahren oder noch älter. Unheimlich, dieser Gedanke, die Erschaffung eines Aliens und einer ganzen Armee von »Gesichtslosen«. Sehen Sie auch schon in den zu erwartenden Zeiten ansteigender Demenz alte Menschen verwirrt umhergeistern, mit aufgeblasenen Weichteilen, gepolsterten Wangen und einer regungslosen Visage? Im Oberstübchen zerbröselt, unten und außen herum scheinbar frisch, laufen sie planlos bei Rot über die Ampel oder fallen gelegentlich beim Lenken und spontanen Bremsaktionen vom Rad. Ein Horrorszenario. Und dann noch die Einsamkeit und gesellschaftliche Isolation als Folge einer unaufhörlichen Selbstoptimierung.

Durch die permanente Beschäftigung mit sich selbst und dem äußeren Erscheinungsbild kommt der Mensch nicht mehr dazu, warmherzigen und nachhaltigen Kontakt mit anderen Menschen aufzubauen. Er verliert die Fähigkeit zur Selbst- und Fremdwahrnehmung und entwickelt schleichend eine Beziehungsunfähigkeit. Ehrliches Interesse an anderen, Mitgefühl, Sinnlichkeit und Herzlichkeit bleiben dabei auf der Strecke.

Der Schuss wird auf jeden Fall nach hinten losgehen und ein Anstieg von Depressionen, neurotischen Störungen und Medikamentenmissbrauch ist dann unaufhaltsam. Dabei darf ein Denkansatz auf keinen Fall vernachlässigt werden: Die Menschen, die ständig versuchen, anderen zu gefallen oder einem bestimmt gesellschaftlichem Bild zu entsprechen, vergessen ihre wahren Bedürfnisse. Fehlende Selbsttreue und brüchige Authentizität sind jedoch beste Voraussetzungen für viele Befindlichkeitsstörungen und ernsthafte Erkrankungen.

Was ist unsere Lebensenergie?

Wir kommen mit einer gewissen Lebensenergie auf die Welt. Sie lässt sich vergleichen mit einer Batterie, einem Behältnis, das bis oben hin mit wertvoller Energie gefüllt ist. Sie haben also am Anfang Ihres Lebens volle 100 Prozent zur Verfügung. Allerdings haben wir nicht alle die gleiche Größe, nicht das gleiche Volumen zur Verfügung. Einige Menschen haben eine kleinere Batterie und andere sind mit Starkstrom unterwegs. Alles, was uns von Natur aus mitgegeben worden ist, können wir nicht verändern.

Auf die Auswirkungen und Entwicklungen haben wir jedoch großen Einfluss. Das ist ähnlich wie bei einem Kartenspiel. Sie haben keinen Einfluss darauf, welche Karten Sie auf die Hand bekommen. Es geht darum, mit dem Blatt, das Sie haben, das beste Spiel zu machen. Wenn Sie mit einer großen körperlichen und mentalen Energie geboren werden, dann haben Sie ein gutes Rüstzeug, um ein langes und glückliches Leben zu leben. Wenn Sie jedoch Ihre Energie verschwenden oder an falscher Stelle einsetzen, dann kann sich diese kostbare Energie schnell erschöpfen. Haben Sie von Beginn an eine eingeschränkte körperliche oder mentale Konstitution, ist es umso wichtiger, dass Sie Ihre Energien sinnvoll einsetzen und zu beschützen wissen. Sowohl die äußere Situation und Menschen in unserem Umfeld als auch gewohnte Denkmuster und Emotionen können uns lebenswichtige Energie rauben. Der Vorrat an Energie erschöpft sich mit jeder negativen Emotion, Verletzung und Krankheit. Deswegen ist das Identifizieren von negativen Emotionen und dauerhaften Stressauslösern eine wichtige Voraussetzung, um gezielt über Selbstcoaching und Gedankenkontrolle dem Verschleudern von Lebensenergie entgegenzutreten.

Wie steht es mit Ihrer Lebensenergie?

Doch lassen Sie uns bei der Bestandsaufnahme bleiben und überprüfen Sie einmal Ihren momentanen Energiestatus. Wie steht es um Ihre körperliche Kraft und Gesundheit? Wie sieht aus mit Ihrer mentalen Stärke und Ihren geistigen Widerstandskräften?

Die Chinesen nennen diese Lebensenergie Jing und finden beim Befühlen der Ohren Hinweise auf körperliche Kraft und Vitalität. Außerdem sind volles Haar, feste Knochen, breite Hüften, ein breiter Kiefer mit Zahnlücken und lange Ohrläppchen bei ihnen weitere Merkmale einer starken Jing-Energie. Doch wie bereits gesagt, ist weniger die Ursprungsenergie zum Zeitpunkt der Geburt entscheidend als vielmehr unser individueller Umgang mit diesem Treibstoff.

Wenn Sie ein Leben führen, das jede Menge Jing abfordert, dann erschöpfen sich diese Speicher schnell. Wenn Sie schlecht essen, wenig Wasser trinken, ständig Party machen, häufig Alkohol konsumieren, rauchen, von einem Termin zum nächsten jagen und innerlich nicht mehr zur Ruhe kommen, dann verbrauchen Sie lebensverlängernde Energie. Wenn Sie sich herumärgern, ob im Job oder in der Beziehung, sich nicht abgrenzen und nicht Nein sagen können, Traurigkeit spüren, stundenlang grübeln oder Zweifel und Ängste Ihr Leben dominieren, dann verbrauchen Sie ebenfalls wichtige lebenserhaltende Energie. Hingegen kann ein geordnetes Leben, mit geplanten Zeiten für Essen, Schlafen und Aufstehen, liebgewonnene Rituale, entspanntes Nichtstun, Freude und positive Aufregung dafür sorgen, dass eine gesunde Balance entsteht und die Lebenskraft gestärkt wird.

Wo in Ihrem Gesicht sehen Sie Energieverlust?

Betrachten Sie Ihr Gesicht also aufmerksam und prüfen Sie genau, an welchen Stellen ein Energieverlust deutlich wird und was das genau zu bedeuten hat. Was ist der Grund dafür? Welche negativen Gedankenmuster verbergen sich dahinter? Was genau ist in meinem Leben nicht in Ordnung? Welche Situationen oder Menschen machen mir das Leben schwer? Sie können in ihrem Gesicht an den Linien und Falten erkennen, welche Gefühle Sie ausgelebt oder unterdrückt haben. Jede kleine Mimik, die Sie wiederholt bewusst oder unbewusst zeigen, brennt sich auf Dauer als Linie in Ihr Gesicht ein. Es ist so ähnlich wie mit unserer Körperhaltung. Ein nach unten geneigter Kopf und hängende Schultern sprechen eher für eine frustrierte oder traurige Haltung, während eine aufrechte Körperhaltung Kraft und Willensstärke signalisiert. Wenn Ihre Gesichtszüge also immer weiter nach unten sacken, Ihnen sozusagen Ihr kraftvolles ICH aus dem Gesicht gleitet, dann sind das entweder deutliche Anzeichen von Alter und Schwäche oder von Unzufriedenheit und Enttäuschung.

Erinnern Sie sich an die Augenfältchen, die nach oben zeigen und Freude ausdrücken, und jene, die nach unten verlaufen und auf Traurigkeit hinweisen. Finden sich im Wangenbereich weitere nach unten ziehende Linien, dann ist Ihnen Kummer im Leben nicht erspart geblieben und auch Trauer nicht fremd. Nach unten markierende Fältchen im Kinnbereich zeigen, dass Sie Enttäuschungen erlebt haben oder sogar verbittert sind. Wenn der Kinnbereich darüber hinaus noch faltig aussieht oder gar an Cellulite erinnert, dann sind Sie wahrscheinlich eine ängstlich und sich viele Sorgen machende Person. Eine gewisse Überfürsorglichkeit können Sie übrigens auch an den feinen senkrechten Linien oberhalb der Oberlippe erkennen. Sie wissen schon, ich meine diese kleinen Fältchen, die sich auch gern bei Raucherinnen manifestieren, die mit gespitztem Mund an der Zigarette ziehen.

Das Immunsystem macht schlapp

Sämtliche negative Emotionen wie zum Beispiel Angst, Wut, Ärger, Ohnmacht, Frustration, Sorgen, Trauer, Kummer, Traurigkeit, Neid, Scham, Schuld, Verzweiflung und viele mehr sind ausgesprochen schädlich, wenn sie über einen langen Zeitraum unverarbeitet in der Seele und im Körper bleiben. Sie führen Sie geradewegs in einen Stresszustand und Ihren Körper in einen Schutzmodus, der daraufhin Ihr Immunsystem herunterfährt. Ein täglicher Verlust an wertvoller Lebensenergie.

Sie können diese Dysbalance auch an Haaren, Haut, Lippen und sämtlichen Schleimhäuten feststellen. Wenn das Immunsystem heruntergefahren wird und Stresshormone Ihren Körper überfluten, dann werden wichtige Enzyme und Nährstoffe – selbst dann, wenn Sie diese in Massen in sich hineinfuttern – nicht mehr erfolgreich in die Zellen transportiert werden. Die Folge sind schlappe und ausgehungerte Zellen und entsprechende körperliche Reaktionen in Form von schlecht durchbluteten Schleimhäuten, Trockenheit und Müdigkeit. Werfen Sie also einen gekonnten Blick auf Augen, Haut und Haare, um einen Nährstoffmangel oder eine Hormonverschiebung zu erkennen. Haben Sie trockene Augen oder Lippen? Gibt es Rötungen oder Schwellungen? Was ist mit Haarausfall, dunklen Rändern und Blässe?

Natürlich kann es sinnvoll sein, ein paar zusätzliche Vitamine und Mineralstoffe einzunehmen, um wieder ins Gleichgewicht zu kommen. Noch sinnvoller ist es jedoch, die negativen Emotionen aufzuspüren, die sich höchstwahrscheinlich einen gemütlichen Logenplatz in Ihrem Unterbewusstsein erworben haben. Sie werden in diesem Buch immer wieder auf die Bedeutung der Gefühle aufmerksam gemacht. Sie werden die Mechanismen negativer Gefühle besser verstehen und eine Strategie zum Entwickeln positiver Emotionen kennenlernen.

Eine auf Dauer angelegte negative Gefühlslage macht uns krank und lässt uns schlecht aussehen. Gute und glücklich machende Gefühle lassen uns strahlen und gesunden.

Alle Gefühle, die wir empfunden haben, die wir zeigen oder auch unterdrücken, bestimmen unsere Gesichtszüge und haben Auswirkungen auf unseren Körper.

Wenn ich einen Oberbegriff wählen müsste, der alle negativen Emotionen vereint, dann würde ich mich für ANGST entscheiden. Sie spielt überall mit und ist mit Abstand die größte negative Emotion und Herausforderung, die es zu meistern gilt. Und die Mutter aller positiven Gefühle ist die LIEBE. Damit ist nicht ausschließlich die romantische Liebe gemeint, sondern die Liebe zu Familie und Freunden, zu den Menschen im Allgemeinen, die Selbstliebe, die Liebe zum Beruf, die Liebe zum Leben, das Mitgefühl, die Güte und die tiefe Dankbarkeit.

Wie steht es mit Ihrer Energie?

Alles ist Energie! Damit Sie sich wohlfühlen und weiterhin gut aussehen können, ist eine genaue Betrachtung des Energiestatus von großer Bedeutung. Wenn Sie zum Arzt gehen, ein großes Blutbild machen und vielleicht noch ein paar zusätzliche Untersuchungen, dann erhalten Sie einen kleinen Anhaltspunkt, wie es um Ihre Gesundheit gestellt ist. Allerdings nur einen kleinen Anhaltspunkt, denn quälende Befindlichkeitsstörungen aufgrund von Stress oder auch Nährstoffdefizite in den Zellen lassen sich weder einwandfrei nachweisen, noch werden sie in der Schulmedizin ausreichend berücksichtigt.

Das Beste, was Sie tun können: Machen Sie sich Ihre Energien, Energieräuber und Defizite selbst bewusst.

Heiko Gärtner und Tobias Krüger, die zusammen die halbe Welt umreist haben, um mit Medizinmännern, Fährten- und Gesichtslesern die Geheimnisse der Antlitz- und Körperdiagnose aufzuspüren, haben auf ihren Reisen folgendes interessantes Sinnbild gefunden: Es gibt einen Baum in Neuseeland, in dessen unmittelbarer Umgebung eine Efeuart wächst, deren Samen von Vögeln gepickt und dann als Vogelkot oben auf der Baumkrone wieder abgelassen wird. Damit das Efeu dort wachsen kann, benutzt es den Baum als Wirt und entzieht diesem seine Energie, ohne dass er etwas davon bemerkt. Es nährt sich und wird stärker und stärker. Es bilden sich wuchtige Luftwurzeln, die den Baum immer weiter schwächen. Die Wurzeln wachsen nach unten zur Erde und schließlich ummanteln sie den Baum und erdrücken jedes Leben, das aus seinen Ästen sprießen kann. Wenn die Wurzeln den Erdboden erreicht haben, dann können sie sich eigenständig nähren und brauchen den Baum nicht mehr. Am Ende dieses Prozesses ist dem Baum sämtliche Energie entzogen worden und er stirbt in dem Kokon des Efeus einfach ab. Traurig. Der Baum ist dem Parasiten machtlos ausgeliefert.

Spüren Sie möglichen Energieverlust auf

Doch Sie haben die Macht und können Ihr Leben selbstwirksam nach Ihren Wünschen gestalten. Stellen Sie sich präventiv die richtigen Fragen, um noch rechtzeitig einen möglichen Energieverlust zu bemerken. Sie können Ihren Energiestatus auf fünf Ebenen prüfen:

Ernährung Essen Sie ausreichend natürliche und frische Nahrungsmittel, die Ihrem Körper guttun? Genießen Sie es?

Natur Bewegen Sie sich ausreichend an der frischen Luft? Atmen Sie tief und haben Freude an dem, was Sie sehen? Genießen Sie das Sonnenlicht?

Gedanken Denken Sie positive und gesund machende Gedanken? Sind Sie dankbar, freudig und optimistisch? Erinnern Sie sich gern an die schönen und gelungenen Dinge in Ihrem Leben?

Beziehungen Haben Sie gute Beziehungen? Umgeben Sie sich mit Menschen, die Ihnen Kraft geben? Distanzieren Sie sich von Energieräubern?

Sinn Leben Sie die bestmöglichste Version Ihrer selbst? Hegen und pflegen Sie sich? Empfinden Sie Erfüllung und ein Gefühl der Gelassenheit?

Wenn Sie sich mit jeder einzelnen Energiereserve vertraut machen und hinterfragen, was Ihnen guttut, dann werden Sie auch mögliche Energieräuber identifizieren können. Vielleicht tut Ihnen ein bestimmtes Lebensmittel nicht gut und jedes Mal, wenn Sie einen Berg Weißbrote mit Nutella vertilgen und dazu einen Liter Cola trinken, fühlen Sie sich schlapp. Es kann aber auch sein, dass Sie das Gefühl haben, eine Ihnen nahestehende Person zwacke Ihnen wertvolle Lebensenergie ab. Vielleicht ist es jemand, der ständig an Ihnen herumnörgelt oder der seine Dominanz auf ungerechte Art auslebt oder der vehement gegen Ihre wichtigen Werte verstößt. Genauso, wie Sie die Cola durch Wasser ersetzen können, sollten Sie auch einen Vampir durch einen menschlichen Energie-Booster ersetzen.

Treffen Sie selbstbewusste Entscheidungen und gestalten Sie Ihr Umfeld so, dass Sie sich wohlfühlen. Gönnen Sie sich etwas, genießen Sie und tun Sie Dinge, weil Sie Freude daran haben. Seien Sie dankbar für die schöne Welt um Sie herum und dass Sie die Möglichkeit haben, zu sehen, zu hören und zu spüren. Seien Sie dankbar, wenn Sie sich bewegen und wenn Sie mit jedem Atemzug das Leben aufnehmen können. Energie ist Lust, Achtsamkeit und Dankbarkeit. Mit dieser Einstellung und mit dieser Haltung werden Sie natürlich auch wesentlich aufrechter, unbefangener und attraktiver durch das Leben gehen. Verlassen Sie sich darauf, dass Energie ähnlich wie bei einer Batterie für einen leuchtenden Auftritt sorgt. Wenn Sie von innen heraus strahlen und leuchten wollen, dann sehen Sie zu, dass nichts und niemand Sie als Wirt benutzt, Ihr authentisches Selbst klein hält und erdrückt. Vergessen Sie dabei nicht, dass negative Gedankenmuster unbewusst von Ihnen selbst gesteuert werden. Diese Muster können Sie, ähnlich der auslaugenden Wirkung des Efeus, fertigmachen.

Im nächsten Kapitel werde ich Ihnen noch ausführlich erklären, wie Sie es schaffen, Ihre Überzeugungen zu verändern. Denn jeder Gedanke, jede Wahrnehmung führt zu einer Beurteilung, teils bewusst und teils unbewusst. Und diese Beurteilungen werden zu starken Gefühlen, die sich konsequent auf unseren Körper, unsere Körpersprache und unser Verhalten auswirken.

Schönheit – alles Kopfsache

Der US-amerikanische Psychologe und Psychotherapeut Albert Ellis gilt als einer der Pioniere auf dem Gebiet der kognitiven Verhaltenstherapie. Sein Modell findet in Coaching und Beratung großen Anklang, da es verständlich macht, welcher Mechanismus greift und uns automatisch an alten Glaubenssätzen festhalten lässt. Er hat herausgefunden, dass es immer einen gewissen Ablauf gibt, der uns nach einer Wahrnehmung im Inneren oder Äußeren zu einer subjektiven Beurteilung zwingt. Nachdem wir dann geurteilt haben, erfolgt eine unserer Beurteilung angemessene Reaktion. Diese wäre natürlich eine andere, wenn wir im Vorfeld anders beurteilt hätten.

Es sind nicht die Dinge, die uns beunruhigen, sondern die Meinungen, die wir von den Dingen haben.

Epiktet

Das Abc der subjektiven Beurteilung

Ellis hat dazu die sogenannte ABC-Theorie entwickelt, die deutlich macht, was in solchen Fällen in unserem Gehirn passiert. Am Anfang steht (A) ein aktivierendes Ereignis, das einen inneren oder äußeren Reiz auslöst. Stellen Sie sich vor, Sie bekommen einen Preis oder eine Auszeichnung und müssen vor ein paar hundert Leuten eine Rede halten oder ein paar Dankesworte sprechen. Das können Sie gut bei Preisverleihungen im Fernsehen beobachten, vom deutschen Filmpreis bis zum Oscar. Das alles passiert im Außen. Sie bekommen eine schriftliche Einladung und die halten Sie jetzt in Händen. Jetzt kommen Ihr Glaube (B für »belief«) und Ihre Überzeugung dazu. Das kann sowohl rational als auch irrational sein. Sie lesen den Text, der ein paar hundert Menschen als Zuhörer ankündigt, und denken spontan: Das schaffe ich nicht! Das ist eine gruselige Situation. Ich werde kein Wort herauskriegen. Ich werde stottern. Die Leute werden über mich lachen. Mir wird etwas Peinliches passieren. Ich will das alles nicht. Als Nächstes kommt Ihre Reaktion (C für »consequences«). Es betrifft das unmittelbare Verhalten, das sowohl angemessen als auch unangemessen sein kann. Während Sie sich diese Gedanken machen, sind Emotionen wie Angst, Sorgen und Selbstzweifel besonders stark. Höchstwahrscheinlich reagiert Ihr Körper schon, bevor Sie überhaupt auf der Bühne stehen, mit sämtlichen verfügbaren Stresssymptomen. Er schüttet vermehrt Cortisol und Adrenalin aus. Ihr Herz rast und der Puls beschleunigt sich. Vielleicht ist Ihnen übel, Sie können nur schwer atmen und fühlen sich krank. Was machen Sie also? Entweder beschäftigen Sie sich weiter mit dem Gedanken an eine Lösung für das Dilemma oder Sie sagen das Event direkt ab.

Diese ABC-Kette durchlaufen Sie in Ihrem Leben zahlreiche Male. Am Ende bleiben Selbstzweifel, Ängste, Eifersucht und Depressionen übrig. Es ist auch der ganz typische Ablauf, der einem Hypochonder durch den Kopf geht. Ich kann mich an einige Klienten erinnern, die mir erzählten, dass sie genau diese Gedankenkaskade im Kopf durchlaufen haben. Es quälte sie beispielsweise ein Kopfschmerz oder sie fühlten Beeinträchtigungen beim Sehen. Diese Situation wurde dann beurteilt, manchmal auch mithilfe des Internets, um letztendlich festzustellen, dass dieser Kopfschmerz auch ein Gehirntumor sein könnte. Die Selbstdiagnose führte dann zu weiteren Ängsten und schließlich in die Röhre einer neurologischen Klinik für eine MRT-Aufnahme.

Bezüglich Ihres Aussehens kann diese negative Gedankenschleife auch Schaden anrichten. So kann eine Frau zum Beispiel vor dem Spiegel stehen und sich minutenlang mit ihrer zu flachen Brust oder dem zu dicken Bauch beschäftigen. Wenn Sie dann auf die Straße geht und ein Mann schaut sie lächelnd an, dann denkt sie: Was grinst der so doof. Der macht sich bestimmt über mein Aussehen lustig. Sie fühlt sich hässlich, minderwertig und ausgegrenzt. Was ist die Konsequenz? Sie geht nicht mehr so häufig weg, lebt isoliert und zurückgezogen. Ihre Körperhaltung drückt ihr Minderwertigkeitsgefühl aus. Sie wird wahrscheinlich wie eine verunglückte Schildkröte aussehen und möglichst jedem Blickkontakt aus dem Weg gehen. Vielleicht entscheidet sie sich aber auch direkt für eine Brustvergrößerung und eine Fettabsaugung, um sich endlich schön zu fühlen.

Die Verhaltenskette kann durchbrochen werden

Um diesem Automatismus von vornhinein den Hahn zuzudrehen, gibt es eine bewährte Methode, die ich Ihnen im nächsten Kapitel noch genauer vorstellen werde. Wie Sie sicher bemerkt haben, scheitert eine erfolgversprechende Handlung und ein idealer Körperzustand an Schritt B, dem zweiten Schritt, der für unseren Glauben und unsere Überzeugungen steht. Wenn Sie aufgrund eines Ereignisses eine andere Gedankenfolge hätten und die Situation anders beurteilten, dann käme natürlich auch ein anderes Ergebnis dabei heraus. Es ist daher wichtig, sich bereits vor einer Verurteilung genügend Denkoptionen möglich und sichtbar zu machen. Schritt B (belief) ist kein unumstößliches Gesetz, sondern es ist eine Wahl, eine Entscheidung die Sie im Vorfeld treffen.

Körperglück

Schönheit beginnt im Kopf und alles, was Sie sich selbst einreden, findet seine Ausstrahlung in Ihrem Gesicht und in Ihrem Körper. Das bewusste Denken und Kontrollieren von Gedanken ist dabei eine bewährte Methode. Um es sich noch einfacher zu machen, ist eine parallele Auseinandersetzung mit Ihrem Körper und Ihrer Körpersprache notwendig. Denn wenn Sie zeitgleich mit den wertvollen Gedanken eine unterstützende Körpersprache und Körperübungen einsetzen, werden Sie den Erfolg schneller und nachhaltig spüren.

Erstarrung lösen

Körperlichkeit zu verändern ist in der Traumatherapie gängige Praxis. Ärzte und Psychotherapeuten wissen, dass der Mensch, wie der Biologe und Psychologe Peter A. Levine es ausdrückt, über ein hochintelligentes psychosomatisches Selbstschutzsystem verfügt. Im Fall von traumatischen Erfahrungen wie Gewalt, Unfall und sexuellem Missbrauch ist der Körper in der Lage, in einer Schreckstarre hängenzubleiben. Die große Angst und das Gefühl von Hilflosigkeit lassen einen Menschen in solchen Momenten förmlich erstarren. Es ist eine Art eingefrorener Zustand, der so lähmend wirkt, dass er Reaktionen der Abwehr unmöglich macht. In den meisten Situationen, die uns in einen Stresszustand versetzen, reagieren wir typischerweise mit Angriff oder Flucht. Wir reißen uns los, wir boxen, treten und schlagen um uns oder wir laufen einfach weg.

Die Erstarrung, unter den Psychotherapeuten auch tonische Immobilität genannt, ist eine weitere Reaktion. Sie wird auch instinktiv durch das alte Gehirn, also den Teil unseres Gehirns ausgelöst, der unsere Instinkte und unterbewussten Vorgänge steuert, und ist im Tierreich eine impulsive Strategie bei Verfolgung durch gefährliche Tiere.

Diese tonische Immobilität ist ein Zustand der größten Angst und verbunden mit einem Gefühl der Ohnmacht und Hilflosigkeit. Im Tierreich hilft der Totstellreflex, das Raubtier zu täuschen, damit es von seiner Beute ablässt, um dann den passenden Moment der Flucht zu erwischen. Doch bei den Tieren baut sich der Stress instinktiv durch ein körpereigenes Regulationssystem ab. Sie sind stärker vom alten Gehirn gesteuert, während wir Menschen denken, analysieren und rational nach Erklärungen suchen. Und das macht in diesem Fall leider gar keinen Sinn. In einer traumatischen Situation oder in wiederholten starken Stresssituationen reagiert das Nervensystem überreizt, bindet den Stress und lässt ihn nicht mehr heraus. Das heißt, die Gefahr und der damit verbundene Alarmzustand werden im Körper festgehalten. Wohltuende körperliche Reaktionen werden unterdrückt.

Sie alle kennen diese Redewendungen, wie »gelähmt vor Angst sein« oder »sich vom Leben abgeschnitten fühlen«. Mit diesem Gefühl gehen Schwindel, Bewusstseinsverlust wie Ohnmacht, Kreislaufprobleme und Schwarz-vor-Augen-Werden einher. Ein traumatisierter Mensch bleibt dann sozusagen körperlich an seiner Vergangenheit gefesselt. Chronische Schmerzen, Depressionen, Nacken- und Rückenprobleme, Burn-out und Beziehungsprobleme sind nur einige der Folgen.

Ein Gleichgewicht von Anspannung und Entspannung

Bei der Behandlung geht es um ein sensibles Aufspüren der Körperempfindungen und um kleine Babyschritte, die es ermöglichen, die festgefrorene Energie langsam wieder aufzutauen und in den natürlichen Fluss zu bringen. Sowohl eine Muskelanspannung als auch eine starke Muskelermüdung können durch verschiedene Anspannungs- und Lockerungsübungen behandelt werden. Der natürliche Reflex des Zitterns, der bei einem traumatischen Erlebnis unbewusst eingefroren wird, kann durch bewusst hergestellte Zittermechanismen wieder herbeigeführt werden. Letztendlich geht es darum, ein gutes Gefühl durch die entsprechende Körperempfindung herzustellen.

Bringen Sie Ihren Körper in einen Zustand des Wohlbefindens. Tun Sie es so oft wie möglich, auch dann, wenn Sie sich gedanklich und gefühlsmäßig noch nicht wohlfühlen.

Spannen Sie öfter mal Ihre Muskeln an und dann entspannen Sie wieder. Spannen Sie die Muskulatur im Beckenbereich an und entspannen Sie wieder. Das Becken gilt als Ort der Kreativität. Viele Alternativmediziner und Neurobiologen wie auch Dr. Jo Dispenza gehen davon aus, dass im Beckenbereich unsere Schöpferkraft und stärkste Energie sitzt. In seinen geleiteten Meditationen begleitet er die Menschen dahin, die Energie in ihrem Becken durch wiederholtes Zusammenziehen der Muskulatur zu bündeln und dann mental durch den Brustkorb hindurch bis ganz nach oben in den Kopf bzw. das Gehirn zu ziehen.

Wo bemerken Sie in Ihrem Körper die Energie? Spüren Sie gedanklich Ihrem Körper vom kleinen Zeh bis hoch zur Kopfhaut nach und treffen Sie Entscheidungen: Welche Körperteile und welche Organe schwächeln, und welche fühlen sich stark an? Betrachten Sie Ihre Körpersprache und welche innere Emotion Sie nach außen spiegeln.

Sie können noch so attraktiv sein und Schönheit als Geschenk mit auf den Weg bekommen haben – wenn Sie wie ein Schluck Wasser in der Kurve hängen und wie ein Trauerkloß durch die Gegend schleichen, dann werden Sie sich selbst nicht als Schönheit empfinden und von der Außenwelt den eigenen Gedanken entsprechend auch nicht als solche wahrgenommen. Nehmen Sie Haltung an. Sie wissen schon: Brust raus, Bauch rein. Zeigen Sie Ihren Hals, das wirkt angstfrei und mutig. Tragen Sie Ihr Haupt stilvoll auf den Schultern – nicht überheblich, aber mit Würde. Bringen Sie genügend Anspannung in Ihren Körper, um Stärke und Mut zu gewinnen. Und genügend Entspannung, um Offenheit und Weichheit zulassen zu können.

Bauen Sie Stresssituationen auch körperlich ab. Drehen Sie die Musik auf und tanzen Sie wild durch die Wohnung. Laufen Sie durch das grüne Gras. Strampeln Sie wie ein auf dem Rücken liegender Käfer. Krabbeln Sie wie ein Kleinkind. Schreien Sie mal richtig laut. Singen Sie. Stöhnen Sie. Lassen Sie es raus. Denken Sie nicht permanent nach, sondern tun Sie etwas mit Ihrem Körper.

DAS SELBST-
COACHING*
WIE SIE gute
GEFÜHLE
BEKOMMEN

Übernehmen Sie Verantwortung

Sie haben in den letzten Kapiteln die Möglichkeit erhalten, sich selbst besser zu beobachten und zu analysieren. Ihre Stimmung, Ihre Gefühlslage und Ihr Gesichtsausdruck unterliegen täglichen Schwankungen. Vielleicht fühlen Sie sich schlecht und sehen mitgenommen aus, doch trotz eingehendender Selbstreflexion finden Sie beim besten Willen keine einleuchtende Erklärung dafür.

Das Beste, was Sie machen können: sich frei machen von dem Anspruch, die Dinge, die im Leben einfach passieren, grundsätzlich erklären und verstehen zu können. Manche Entwicklungen scheinen keinen aktuellen Bezug zu haben und sind nicht durch uns selbst initiiert. Akzeptieren Sie diese Tatsache und nehmen Sie die Herausforderung mit Haltung an. Das gelingt Ihnen wesentlich besser, wenn Sie daran glauben, dass nichts einfach nur so passiert, sondern für Ihr persönliches Leben eine ganz individuelle Bedeutung hat. Sie werden einen Nutzen daraus ziehen können, manchmal erst viele Jahre später.

Wenn uns natürlich ein ganz bitterer Schicksalsschlag erwischt, dann ist eine solche Haltung fast unmöglich. Wir sehen dann nur noch unser Leid und unseren Kummer. Wir fühlen uns traurig und aus dem Leben geworfen. Das ist verständlich, menschlich, natürlich. Stellen Sie sich vor, in einem solchen Moment sagt jemand zu Ihnen: »Du, das hat alles irgendeinen Sinn. Das wirst du später verstehen. Es ist eine wichtige Lernerfahrung für dich, an der du reifen und wachsen wirst!« Wenn wir uns eine solche Aussage anhören müssten, dann würden wir sicher nicht nur mit Unverständnis reagieren, sondern mit Wut, Entsetzen, Traurigkeit und Fassungslosigkeit.

Doch es gibt sie, die vielen Geschichten, die sich um Menschen ranken, die harte Schicksalsschläge hinnehmen mussten und die später auf andere Art und Weise zu einem neuen Leben gefunden haben. Sie haben eine neue Chance erhalten, das Beste aus ihrem Leben zu machen, und sind durch die Tragik ihrer Geschichte geistig und seelisch gewachsen.

Sie können Ihr Leben zu einem großen Teil selbst steuern

Es ist sehr wichtig für ein Selbstcoaching, dass Sie sich bewusst machen, einen großen Teil Ihres Lebens aktiv selbst steuern zu können. Es gibt immer wieder wissenschaftliche Untersuchungen rund um Medizin und Psychologie, die eindeutig belegen, dass wir selbst unser Leben in die Hand nehmen und eine Verbesserung unserer Lebenssituation bewirken können.

Ihr Leben liegt in Ihren Händen.

Selbst dann, wenn Sie davon ausgehen, dass es praktisch unmöglich ist, diesen Denkansatz vollständig mit Beweisen zu untermauern, ist es besser für Sie, es einfach zu glauben. Denn sollten Sie zu der Spezies gehören, die immer wieder meint, einfach nur Opfer und gänzlich unbeteiligt am Verlauf des eigenen Lebens zu sein, dann ändern Sie bitte schleunigst Ihre Meinung. Denn diese Opferhaltung bringt Sie nicht einen einzigen Schritt weiter im Leben. Sie werden in dem unglückseligen Zustand, in dem Sie sich gerade befinden, ein Leben lang bleiben. Wenn Sie glauben, es liege nicht in Ihrer eigenen Verantwortung, Ihr Leben zu ändern, dann wird sich auch nichts verändern. Sie werden weiterhin anderen die Schuld geben, sich als Opfer Ihrer Erziehung oder der gesellschaftlichen Normen fühlen und sich mit gebeugter Haltung dem Diktat der anderen unterwerfen. Wer nichts an sich ändert, verändert auch nichts in seinem Leben. Wer sich weiterhin schlecht fühlt, wird auch weiterhin wenig entspannt aussehen.

Sei selbst die Veränderung, die du in der Welt sehen möchtest.

Mahatma Gandhi

Seien Sie Ihr bester Freund

Wenn ich auf den nächsten Seiten von Coaching oder Selbstcoaching spreche, dann ist es für mich eine Herzensangelegenheit, Sie aufzufordern, sich selbst der beste Freund zu sein. Ein echter Freund, der achtsam und nachsichtig ist, der gut hinschauen und hinhören kann. Der es versteht, die richtigen Fragen zu stellen, um gute und zukunftswirksame Antworten zu erhalten. Ein Coaching ist immer ziel- und lösungsorientiert. Das heißt nicht, dass Fragen nach der Vergangenheit generell tabu sind. Es heißt jedoch, in Abgrenzung zur Psychotherapie, dass es sinnvoller ist, sich mit den angenehmen Dingen zu beschäftigen als mit dem ganzen Schrott, der irgendwo tief in unserem Innersten abgelagert ist.

Auf dem Seelenschrottplatz

Therapeuten arbeiten in der Regel so, dass sie – bildlich gesehen – zusammen mit ihrem Patienten auf den Schrottplatz fahren. Alles, was so richtig kaputt, dreckig und vergammelt ist, wird auf den Karren geladen und mit an die Oberfläche genommen. Sicher kennen Sie das Eisbergmodell aus der Freud'schen Forschung, das besagt, dass über 90 Prozent des Eisberges, der unsere Handlungsmotive bestimmt, unter Wasser liegen – das ist das Unterbewusstsein. Und die kleine Spitze des Eisberges ist unser Bewusstsein. Manche Therapeuten glauben uneingeschränkt, es sei von Vorteil, negative Erlebnisse noch einmal zu durchleben und die Schmerzen, die diese bereitet haben, nochmal zu spüren. Und zwar so lange, bis es einigermaßen verarbeitet scheint.

Doch den Schrott an die Oberfläche zu holen, um ihn dann von allen Seiten zu betrachten, nach links und rechts zu drehen, von unten nach oben zu erfühlen, um ihn dann als bearbeiteten Schrott wieder in die Tiefe auf seinen Schrottplatz zurückzubringen, macht schlichtweg keinen Sinn. Solange es Schrott bleibt und es weiterhin in uns lagert, werden wir keine nachhaltig positive Veränderung spüren können.

Lassen Sie mich bitte hier noch anmerken, dass ich keinesfalls die wertvolle Arbeit eines Psychiaters oder Psychotherapeuten schlechtmachen möchte. Es gibt hervorragende Therapeuten, die auf diesem Weg gute Resultate mit ihren traumatisierten Patienten erzielen. Eine tiefgreifende recherchierte Reportage des Wochenmagazins »Stern« von Anfang 2015 informiert jedoch, dass oftmals eine jahrelange Betreuung mit schmerzvollen Phasen vorausgegangen ist.

Schrott in der Tiefe liegen lassen

Wenn Sie also nicht gerade eine wirklich traumatische Erfahrung gemacht haben, dann probieren Sie mal einen anderen Weg. Was können Sie stattdessen tun? Indem Sie sich gedanklich intensiv mit negativen Erfahrungen befassen, erleben Sie diese erneut. Dadurch wird es Ihnen körperlich und seelisch schlechter gehen. Denn das wiederholte An-die-Oberfläche-Schwemmen von Misserfolgen, Verletzungen, Enttäuschungen, Verlusten und anderen kummervoller Erfahrungen versetzt Sie in einen schlechten und ressourcenarmen Zustand. Und neue, wirksame und positive Verhaltensweisen können nur in einem ressourcenstarken Zustand erlernt werden. Sie sollten bestenfalls also in der Lage sein, sich selbst in einen guten Zustand zu bringen. Wenn Sie etwas immer wieder tun, dann setzt ein Gewöhnungseffekt ein. Sowohl auf der positiven als auch auf der negativen Seite. Wenn Sie sich also immer wieder an diesen Schrott erinnern, dann ist genau dieser Schrott in Ihrem Leben präsent. Es wird Ihr jetziges Fühlen, Handeln und Ihre Zukunft bestimmen. Schaffen Sie es jedoch, positive Erlebnisse und Erinnerungen, Werte, Erfolge, Wünsche und Ziele zu visualisieren, dann sind genau diese wunderbaren Erfahrungen in Ihrem täglichen Leben präsent. Sie können sich vorstellen, dass das einen gewaltigen Unterschied machen kann.

Eine gute Voraussetzung ist es, wenn Sie bereits mein erstes Buch zu diesem Thema gelesen haben und wissen, wie Sie das Fundament eines gesunden Selbstbewusstseins aufbauen können. Drei Anregungen sind an dieser Stelle wichtig, damit Sie sich selbst der beste Coach und ein wertvoller Berater sein können:

1. Lernen und verstehen Sie, was in Ihrem Gehirn und Körper passiert!
2. Sammeln Sie alles, was Ihnen ein gutes Gefühl verschafft!
3. Konzentrieren Sie sich täglich auf diese positiven Gefühle!

Das Glück ist eine dumme Sau!

Das Glück ist eine dumme Sau!
Es kommt meist zu denen,
die eh schon gut drauf sind.

Oben stehenden Satz habe ich selbst kreiert in Anlehnung an eins meiner Lieblingszitate von Sven Regener: »Die Zukunft ist eine dumme Sau. Man weiß nie, womit sie als Nächstes um die Ecke kommt!«

Was ich damit sagen möchte, ist Folgendes: Es gibt Menschen, die sind erfolglos und unglücklich, und es verändert sich rein gar nichts. Sie erfahren nicht weniger Schicksalsschläge, weil sie bereits so viele gehabt haben. Nein, ganz im Gegenteil. Man hat eher den Eindruck, dass es die Armen und Schwachen besonders hart trifft. Es ist ein böser Teufelskreis. Ein Kind, das im Elternhaus geschlagen wurde, wird häufig auch in seinem weiteren Leben Gewalterfahrungen machen. Menschen, die eine schlimme Krankheit bewältigt haben, müssen häufiger solche herausfordernden Situationen bestehen. Es scheint keine ausgleichende Gerechtigkeit zu geben. So ist es auch mit dem Geld. Die Reichen in der Gesellschaft werden immer reicher. Und die Armen bleiben oftmals auf der Strecke. Kürzlich habe ich gelesen, dass in den letzten zehn Jahren die 20 Prozent der reichsten Menschen ihr Einkommen um über 50 Prozent gesteigert haben, während der Durchschnittsbürger in dieser Zeit sogar noch einen deutlichen Kaufkraftverlust hinnehmen musste.

Das Glück kommt selten allein

Das kennen Sie doch bestimmt auch, oder? Ich habe das auf unterschiedliche Art und Weise schon gemerkt. Erfolg im Geschäft funktioniert genauso. Ich erinnere mich daran, wie ich vor Jahren um eine kleine redaktionelle Erwähnung in einem Düsseldorfer Stadtmagazin gekämpft hatte. Damals war ich ganz hartnäckig geblieben, hatte nicht locker gelassen und habe immer wieder angefragt, bis ich ein »Okay« hatte. Das war natürlich ein schöner Erfolg für mich. Und was passierte dann? Die Sache wurde zum Selbstläufer. Nach Erscheinen des Interviews meldeten sich der WDR und ein Radiosender. Ich machte dann noch schnell ein paar Tageszeitungen klar und später folgten dann noch »Spiegel« und »Focus«. Ich hatte einen Stein ins Rollen gebracht und war gut drauf. Und das Glück ließ nicht lange auf sich warten.

Wenn Sie eine gute Zeit haben, sich gut fühlen und gut aussehen, dann ziehen Sie andere Menschen an wie ein Magnet. Menschen spüren das. Es ist wie Magie. Und Menschen umgeben sich gern mit Menschen, die stark sind und eine gute Ausstrahlung haben. Sie werden versuchen, in Ihrer Nähe zu sein, auf eine wohlwollende und bewundernde Art. Sie werden Ihnen Komplimente machen. Und das tut Ihnen gut. Es ist wie pure Energie. Und Sie werden sich noch besser fühlen, noch besser aussehen und noch mehr Menschen anziehen. Ich sag es ja: Das Glück ist eine dumme Sau! Denn wie oft haben wir auch einen schlechten Tag und wollen uns am liebsten zu Hause im Bett verkriechen. Dann trauen wir uns raus auf die Straße, mit der felsenfesten Überzeugung, auch noch ziemlich übel auszusehen, und schluffen mit hängenden Schultern und gesenktem Blick durch den grauen Alltag. Wie sehr wünschen wir uns, dass genau jetzt ein lieber Mensch uns aus dem Loch risse und schöne Dinge zu uns sagte. Dass bewundernde Blicke uns berührten oder ein kleiner Flirt uns wieder aufrichte. Sie wissen schon, worauf ich hinauswill: Das wird nicht passieren! Das Glück kommt meist zu denen, die eh schon gut drauf sind!

Bringen Sie sich selbst in einen guten Zustand

Menschen auf ihrem Weg zu begleiten, ein glückliches und erfülltes Leben führen zu können, war für mich schon immer eine reizvolle Herausforderung. In meinen Jugendjahren lernte ich Menschen aus dem Drogenmilieu kennen, denen es nicht so gut ging wie mir. Ich hatte stets ein offenes Ohr für ihre Probleme und versuchte, sie auf den rechten Pfad zu leiten. Während ich mit Mama, Papa, Bruder und Hund aufwuchs und es mir an nichts fehlte, hatten diese Menschen gar kein Zuhause oder ein ziemlich kaputtes Familienleben. Die meisten hatten ihre Eltern selten zu Gesicht bekommen. Und wenn diese anwesend waren, dann entweder betrunken oder streit- und prügelsüchtig.

Ich kann nicht mehr sagen, was genau mich damals an dieser Szene und den Abhängigen faszinierte. Doch heute weiß ich, dass den Menschen vor allem eins fehlte, was in der erfolgreichen Umsetzung für mich im Coaching einer Mission gleicht. Es ist der Glaube an sich selbst und an die eigene Kraft!

Und genau das ist der Punkt. An sich selbst zu glauben und von ganzem Herzen ein uneingeschränktes JA zur eigenen Persönlichkeit zu sagen. Doch genau das fällt vielen Menschen so schwer. Das Geheimnis eines gesunden Selbstbewusstseins liegt darin, seinen inneren Schatz zu heben und diesen nach außen strahlen zu lassen. Und da liegt auch das Problem: Viele Menschen wissen nichts von einem inneren Schatz. Sie haben kein Vertrauen in sich selbst, sind mutlos und begegnen anderen mit Neid, geringer Wertschätzung und Skepsis. Es ist schwer, andere zu schätzen und zu lieben, wenn man das noch nicht einmal bei sich selbst geschafft hat. Manche versuchen auch krampfhaft, anderen zu gefallen, indem sie schmeicheln, unterwürfig und gefügig sind. Sie erhoffen sich ein bisschen Liebe, um Selbstachtung zu gewinnen.

Ähnliche Erfahrungen machte ich später mit meinem Nähkreis, einer Partnerschaftsagentur für homosexuelle Menschen. Ich lernte viele interessante Persönlichkeiten kennen, die auf den ersten Blick ausgesprochen selbstsicher wirkten. Bei näherer Betrachtung und wenn die Masken einmal gefallen waren, konnte ich häufig jedoch eine große Traurigkeit und innere Leere entdecken. Viele von ihnen hatten bereits schwierige Lebensphasen durchgestanden oder waren durch die Belastung eines dauerhaften Doppellebens müde und krank geworden. In dieser Zeit wurde ich auch mit dem Thema sexueller Missbrauch konfrontiert, denn einige meiner Klienten erzählten mir ihre unfassbar traurigen Geschichten. Mir wurde klar, dass es sich lohnt, so früh wie möglich die eigene Persönlichkeit zu stärken und selbstsicher ins Handeln zu kommen.

Manchmal sitzen Menschen so tief im Schlamassel, dass sie orientierungslos und hoffnungslos durch ihr Leben wanken und nur eine helfende Hand ihnen ein Gefühl von Zuversicht vermitteln könnte. Doch das Wichtigste, was wir uns selbst und anderen geben können, ist die Fähigkeit, uns selbst in einen guten Zustand zu versetzen.

Sie können nur Ihr eigenes Leben verändern

Im Coaching erlebe ich es immer wieder mal, dass Menschen den Wunsch nach einer Veränderung hegen, ohne selbst etwas verändern zu wollen. Sie bleiben beharrlich in der Opferposition und machen andere für ihr Leiden und ihre Erfolglosigkeit verantwortlich. Sie geben ihren Eltern, den Lehrern, dem Arbeitgeber, dem Partner, der Gesellschaft oder dem System die Schuld. Jammern, Klagen, Schuldzuweisungen und die Konzentration auf alles, was im Leben schiefgelaufen ist, bringt Sie nicht einen einzigen Schritt weiter im Leben.

Es gibt nur ein Leben, das Sie verändern können: Ihr eigenes! Es gibt nur eine Person, die Sie verändern können: Sie selbst!

Überprüfen Sie Ihre Haltung

Berücksichtigen Sie dabei folgende Anregungen, auf deren Methodik ich im weiteren Textverlauf noch eingehen werde:

- Übernehmen Sie zu 100 Prozent selbst die Verantwortung für Ihr Leben. Selbst dann, wenn Sie eine schlechte Kindheit hatten und Ihre Eltern oder andere Vertrauenspersonen Sie verletzt haben.
- Verinnerlichen Sie die Überzeugung, dass Sie es aus eigener Kraft schaffen können. Glauben Sie an Ihre innere Widerstandskraft und die Möglichkeit, stehen zu bleiben oder immer wieder aufstehen zu können, selbst wenn man Ihnen Knüppel zwischen die Beine wirft.
- Umgeben Sie sich mit Menschen und Dingen, die Ihnen guttun. Und schaffen Sie konsequent alles ab, was Sie weiter in den Abgrund zieht. Lassen Sie sich von starken Menschen helfen und nehmen Sie deren Freundschaft dankbar an.
- Vergegenwärtigen Sie sich Ihre eigenen Stärken, Werte und Erfolge und malen Sie sich diese hell und in den schönsten Farben aus. Erschaffen Sie ein positives Selbstbild und konzentrieren Sie sich auf gute Gefühle. Versuchen Sie, dankbar zu sein für alle guten Momente im Leben. Versuchen Sie, auch die kleinen Dinge zu sehen.
- Entwickeln Sie ein Urvertrauen. Eine Art Glauben an eine unsichtbare Kraft, die Sie durch die Stürme des Lebens leitet und Sie beschützt. Akzeptieren Sie, dass Sie nicht alles kontrollieren können, und machen Sie sich bewusst, was im Leben wirklich zählt.

Echtes Selbstbewusstsein wird nicht trainiert,
sondern entwickelt und erfahren.
Es ist unabhängig von den Vorstellungen
der anderen. Es ist pure Freiheit.

So kann es funktionieren

Wenn ich Ihnen jetzt sage, was tatsächlich funktioniert, dann ist das zwar eine subjektive, jedoch ausgesprochen lange studierte und erforschte Methode. Die Methode baut auf der Schnittmenge von Neurophysiologie, Psychologie und Hirnforschung auf. Die neuesten Erkenntnisse der Bewusstseinsforschung sind Grundlage für eine nachhaltige Veränderung Ihres Zustandes und eine Verbesserung Ihres Wohlbefindens. Ich weiß trotzdem nicht, ob es bei jedem funktioniert. Doch ich bin sicher, wenn Sie es ganzheitlich umsetzen und vor allen Dingen regelmäßig tun, werden Sie großartige Erfolge erzielen.

Was meiner Meinung nach nicht oder nur kurzfristig zum Erfolg führt, sind alle Arten von gruppendynamisch erzwungenen Mutproben. Meistens sportlicher Natur, vom Hochseilgartenklettern bis hin zum Sprung ins Ungewisse, vom Schwertkampf bis zum Feuerlauf. Hier sind die Sportskanonen und Unerschrockenen ohnehin im Vorteil, und ein steif geratener oder ängstlicher Mensch könnte sich im Vergleich mit den anderen sogar schlechter fühlen als vorher. Es wird Ihnen, wenn überhaupt, nur kurzfristig helfen. Wer etwas geschafft hat und seine eigenen mentalen Grenzen überschritten hat, neigt eher dazu, anzunehmen, dass er jetzt auch wichtige und lebensentscheidende Herausforderungen annehmen könnte. Doch was halten Sie davon, sich direkt den entscheidenden Situationen im Leben zu stellen?

Was meines Erachtens ebenso nur einen kurzfristigen Effekt haben kann, sind einstudierte Gesten und Gesichtsausdrücke. Setzen Sie hier lieber auf Ihre individuelle Natürlichkeit. Es gibt viele raffinierte Selbstmarketingtricks, die Ihre positive Selbstpräsentation wirkungsvoll unterstützen können. Doch glauben Sie mir, das ist erst der zweite Schritt. Der erste Schritt ist, sich ein Bewusstsein zu verschaffen über die eigenen Gedanken und Gefühle. Eine aufrechte Körperhaltung und ein gelegentliches Lächeln mit Augenkontakt helfen Ihnen bei Ihrer Bewusstseinserweiterung und bei dem Wunsch, von innen nach außen zu strahlen.

Wenn Sie von Natur aus ein Angsthase, ein Grübler oder ein Zweifler sind, wenn Sie eher schüchtern und unsportlich sind, wenn Sie sich häufig von anderen Menschen beeinflussen lassen und diese brauchen, um sich selbst besser zu fühlen, dann ist die ganzheitliche Entwicklung Ihres Selbstbewusstseins der Schlüssel zu einem besseren Leben. Sie sollten in der Lage sein, sich selbst in einen guten Zustand zu versetzen. Aus diesem guten Zustand heraus werden Sie selbstbewusst Entscheidungen treffen, handeln und selbstsicher auftreten.

Wie wir uns unsere eigene Wirklichkeit erschaffen

NLP, das Neuro-Linguistische Programmieren, geht von der Erkenntnis aus, dass Vorgänge im Gehirn (= Neuro) mit Hilfe der Sprache (= linguistisch) auf Basis systematischer Handlungsanweisungen änderbar sind (= Programmieren).«. In der Neuro-Linguistischen Programmierung kennt man die Metapher der Landkarten. Jeder Mensch hat seine eigene Landkarte. Doch die Landkarte ist nicht das Gebiet.

The map is not the territory.

Was bedeutet, dass die Welt da draußen zwar die gleiche ist, doch dass jeder Mensch ein ganz bestimmtes Abbild dieser Welt hat. Wenn Menschen sich begegnen, treffen oft Welten aufeinander. Denn jeder Mensch hat im Laufe seines Lebens persönliche Erfahrungen gemacht und diese intensiv mit allen Sinnen aufgenommen. Das heißt, er hat Bilder gesehen, Stimmen und Geräusche gehört, starke Gefühle gespürt, Gerüche in der Nase gehabt und Geschmäcker mit der Zunge geschmeckt. Das, was dieser Mensch empfunden hat, hat nur er ganz allein so empfunden. Er hat seine subjektive Wahrnehmung der Realität in seinem Gehirn abgebildet.

Auf diese Art und Weise entsteht bei jedem von uns eine andere Realität. Es gibt keinen zweiten Menschen auf der Welt, der genau die gleiche Landkarte hat wie wir selbst. Doch es gibt Menschen, die uns ähnlich sind. Hier verspüren wir oft einen Gleichklang der Herzen. Man sagt auch, dass die Chemie stimmt.

Jeder Mensch glaubt, dass sein Bild der Welt die einzige und echte Realität ist, und versucht es häufig mit Hilfe von Sprache nach außen zu verteidigen. Er kann sich gar nicht vorstellen, dass andere Menschen anders empfinden oder anders beurteilen. Der eigene Blick auf die Welt scheint der einzig vorstellbare zu sein. Das ist auch der Grund, warum wir manch einen Zeitgenossen als »nicht von dieser Welt« bezeichnen, wenn uns seine Ansichten und Einstellungen zu abstrus vorkommen. Was für den einen Hügel sind, sind für den nächsten riesige Berge. Einer sieht Straßen und dichte Verkehrsnetze, ein anderer orientiert sich an der Landschaft, dem Waldbestand und verschiedenen Klimazonen. Jeder Mensch hat eine eigene Landkarte. Seine eigene Sicht auf die Dinge. Seine Realität.

Sie kennen sicher auch viele Beispiele, an denen klar wird, dass hier zwei unterschiedliche Landkarten vorleigen. Was die eine Person schön und reizvoll findet, empfindet eine andere als langweilig und widerlich. Was für den einen Menschen Erholung bedeutet, fühlt ein anderer als puren Stress. Der eine empfindet die Wahrheit als ehrliche Geste, während der andere einen Schlag mitten ins Gesicht spürt.

Ich möchte Ihnen gern ein privates Beispiel geben, das mich amüsiert und gleichzeitig verwirrt hat. Kennen Sie den Song von Andreas Bourani »Mein Herz schlägt schneller als deins«? Schauen Sie mal, hier habe ich einen Textausschnitt für Sie. Übrigens ein wirklich schönes Lied.

Du willst gehen, ich lieber springen
Wenn du redest, will ich singen
Du schlägst Wurzeln, ich muss fliegen
Wir haben die Stille um uns totgeschwiegen
Wo ist die Liebe geblieben

Ich fühl' mich jung und du dich alt
so fallen wir um, uns fehlt der Halt
Wir müssen uns bewegen
Ich bin dafür, du dagegen
Wir gehen auf anderen Wegen

Mein Herz schlägt schneller als deins,
sie schlagen nicht mehr wie eins
Wir leuchten heller allein,
vielleicht muss es so sein.

Mal ehrlich, was denken Sie über den Songtext von Andreas Bourani? Ich will Ihnen verraten, was ich gefühlt habe, als ich den Song das erste Mal gehört habe. Er drückt für mich das Scheitern einer Liebesbeziehung aus. Zwei Menschen, die einen Weg gemeinsam gehen wollten und dann feststellen, dass sie sich unterschiedlich entwickelt haben und nicht mehr auf der gleichen Wellenlänge sind. Die Herzen schlagen in einem unterschiedlichen Takt. Die Vorstellungen vom Leben sind nicht gleich. Anpassung und gegenseitige Rücksichtnahme werden eher als Hemmschuhe verstanden »Wir leuchten heller allein, vielleicht muss es so sein.«

Jetzt sitzen wir an Ostern im trauten Familienkreis und ich erwähne, dass mir dieses Lied gut gefällt. Meine Mutter geht sofort auf diese Bemerkung ein und sagt: »Die Musik ist schön, aber der Text ist frauenfeindlich. Da werden Frauen diskriminiert.« Ich denke einen Moment nach: »Wieso werden Frauen diskriminiert?« »Na hörst du nicht, was der singt? Sein Herz schlägt schneller als ihres. Sie ist vielleicht müde und geschafft, vielleicht sogar von der Hausarbeit, und der noch fit wie ein Turnschuh. Will sich bewegen, will springen und sein Herz schlägt besser als ihres.«

Meine Tochter mischt sich ein und sagt: »Woher weißt du, dass der von einer Frau singt? Kann doch auch ein Mann sein! Ein schwules Pärchen!« Meine Mutter: »Das kann natürlich auch sein. Aber gut finde ich das nicht. Nur weil der andere nicht mehr so kann, auf eigenen Wegen gehen!«

Verstehen Sie, was ich meine, wenn ich von unterschiedlichen Landkarten spreche? Meine Mutter hat übrigens Arthrose und ein künstliches Kniegelenk, sie kann nicht so flott gehen. Und mein Vater muss wegen eines Herzinfarkts und seiner Stents für bessere Durchblutung in Bewegung bleiben und hoppelt meistens vor.

Das Netzwerk im Kopf

Diese Verdrahtungen in unserem Gehirn sind uns zum größten Teil nicht einmal bewusst. Doch alles, was wir bisher gelernt oder erfahren haben, ist in unserem Hirn festgeschrieben. Jeder einzelne von uns verfügt über hundert Milliarden Nervenzellen (Neuronen). Diese Nervenzellen kommunizieren miteinander. Sie bilden folgerichtige Verbindungen ähnlich einer klassischen Konditionierung. Nehmen wir an, Sie sind von einem Hund gebissen worden, dann haben Sie diese Erfahrung im Gehirn abgespeichert, zum Beispiel in Form eines Bildes von einem zähnefletschenden Hund. Oder eines bösartigen Knurrens. Oder einer Geruchsempfindung von nassem Fell. Diese Empfindungen machen Ihnen Angst, und letztendlich bereiten Sie Ihnen auch Schmerzen. Denn in diesem Fall sind Sie ja gebissen worden. Genau das meine ich mit Konditionierung. In Ihrem Gehirn befindet sich dann eine Vernetzung der beteiligten Neuronen (Hund – Angst – Schmerz). Hier können natürlich auch noch weitere Neuronen andocken. Zum Beispiel könnte sich das Gefühl entwickeln, dass alle behaarten Vierbeiner eine Gefahr darstellen, und Sie reagieren bei der Begegnung mit einer Katze ebenso. Oder aus dem Gefühl der Angst entwickelt sich noch ein Gefühl des Ekels oder der Panik. Genauso gut könnten Sie Schmerz grundsätzlich als etwas Negatives abspeichern, dem Sie sich freiwillig nie wieder aussetzen möchten. Selbst dann nicht, wenn zum Beispiel ein Zahnarztbesuch notwendig wird oder Sie ein Baby bekommen möchten.

In Ihrem Gehirn gibt es viele Milliarden Verbindungen zwischen den einzelnen Neuronen. Wie stark diese Verbindungen sind, hängt davon ab, wie oft diese Erfahrung bzw. Erinnerung aktiviert wird. Jedes Mal, wenn die Erfahrung aktiviert wird, verstärkt sich die Verbindung zwischen den beteiligten Neuronen. Das heißt, wenn Sie wieder von einem Hund gebissen werden, werden Sie noch mehr Angst und Schmerz empfinden. Die Verbindung verstärkt sich. Wenn Sie sich nur vorstellen, dass Sie von einem Hund gebissen werden, werden Sie ebenfalls Angst verspüren. Wenn Sie in der Zeitung lesen, dass ein Kind von einem Hund gebissen worden ist, dann werden Sie wieder an Ihre Angst erinnert. Jedes Mal, wenn Sie oder ein anderer den entsprechenden Knopf drückt, werden Sie an Ihre Angst erinnert. Die Verbindung der beteiligten Nervenzellen wird fester und fester. Aus einem Faden wird ein dicker Draht.

Wie aus Gedanken Gefühle werden

So wie der Gedanke an einen Hund Ihnen schon ein Angstgefühl bereiten kann, so kann jeder beliebige Gedanke Ihnen ein Gefühl bescheren. Bei jedem von uns ziehen ungefähr 60.000 Gedanken am Tag durch den Kopf, die meisten davon sind flüchtig und ein großer Teil ist negativ. Wenn Sie also immer wieder die gleichen Gedanken denken, dann werden Sie auch immer wieder die gleichen Gefühle ernten. Sie erzeugen mit Ihren alten Gedanken und Gefühlen Ihre immer gleichen Lebensumstände. Es ist Ihnen ein vertrauter Kreislauf. Auf Ihrer Landkarte ist schließlich Ihre gesamte Vergangenheit in Schaltkreisen aufgezeichnet. Und Sie spulen immer wieder die gleichen Verhaltensmuster und Denkgewohnheiten ab.

Wenn Ihnen zum Beispiel Ihr Chef auf den Geist geht und Sie weder seinen Blick und schon gar nicht seine Art, wie er sich Ihnen gegenüber verhält, leiden können, dann werden Sie sich niemals auf eine Begegnung mit ihm freuen. Doch in der Tat können Sie diese Gedanken und Gefühle verändern. Vorausgesetzt, Sie wollen das und Sie entscheiden sich eindeutig und eigenverantwortlich dafür.

Wenn Sie sich verändern wollen, dann müssen Sie lernen, einige Gedanken zu kontrollieren und ein ideales Bild Ihres Selbst zu erschaffen. Jeder Gedanke, der in Ihnen ein Gefühl auslöst, bedeutet im Umkehrschluss, dass jeder neurophysiologische Zustand auch Auswirkungen auf Ihre Gedanken hat. Es gibt energiereiche und wohltuende Gemütsbewegungen wie Vertrauen, Liebe, Freude, Stärke und Begeisterung. Und es gibt negative Empfindungen, die uns ausbremsen, lähmen und belasten. Hierzu gehören Angst, Ärger, Kummer, Sorgen, Traurigkeit und Frustration.

Wie aus Gefühlen körperliche Zustände werden

Die meisten Gedanken, die Sie erzeugen, sind die gleichen, die Sie auch schon gestern oder letzte Woche oder letzten Monat gedacht haben. Ich kenne Sie nicht, aber nehmen wir einmal an, Sie stehen morgens auf und die ersten Gedanken, die Ihnen durch den Kopf ziehen, sind negativer Natur: Schon sieben. Gleich muss ich ins Büro. Da treffe ich wieder auf diesen widerlichen Kollegen. Und dann diese Kundenpräsentation. Ich weiß gar nicht, wie ich das zeitlich hinkriegen soll. Die Sache klappt doch vorne und hinten nicht. Und dann soll ich auch noch vor so vielen und wichtigen Leuten sprechen. Schlecht vorbereitet. Ohne Unterstützung. Lampenfieber. Angst. Unbehagen. Und das in meinem Zustand. Wo es mir sowieso nicht gut geht.

Oder Sie wachen morgens auf und stellen wie üblich fest, dass der Mensch, der da neben Ihnen im Bett liegt, schon lange nicht mehr zu Ihrem Leben gehört. Die Gedanken, die Ihnen durch den Kopf ziehen, sind lauter schlechte Erinnerungen und pessimistische Zukunftsaussichten. Sie denken an die schlechten Charaktereigenschaften dieses Menschen. Daraufhin entwickeln Sie folgerichtig die entsprechenden Gefühle. Sie können ihn nicht mehr sehen, nicht mehr riechen und wenn er was zu sagen hat, dann fahren Sie ihm am liebsten über den Mund und reden ihn in Grund und Boden. Oder Sie hören gar nicht mehr hin. Weil Sie seine Stimme nicht mehr hören können. Ignorieren gänzlich alles und schalten einfach ab. Selbst die Atemgeräusche jenes Menschen bereiten Ihnen zunehmend Unbehagen.

Die Gefühle, die Sie aufgrund solcher emotional belastender Stresssituationen empfinden können, sind Ärger, Wut, Neid, Hass, Traurigkeit, Frustration, Kummer, Angst, Scham, Schuld, Ekel, Einsamkeit, Hilflosigkeit, Ohnmacht, Besorgnis, Überforderung und weitere negative Emotionen.

Der Körper geht in den Überlebensmodus

Wenn Sie jetzt diese negativen Gefühle empfinden, wird Ihr Körper entsprechend reagieren. Vielleicht schlägt Ihr Herz schnell oder Ihnen ist übel und schwindelig. Oder Sie haben Verdauungs-, Kreislauf- oder Atemprobleme. Vielleicht haben Sie Haarausfall, Hautauschläge oder ständig einen viralen Infekt. Vielleicht spielt Ihr Hormonsystem völlig verrückt. Oder Sie sind verspannt und Ihr Kopf droht zu platzen.

Ärger, Angst, Frustration, all diese tiefen Empfindungen ziehen eine Körperreaktion nach sich, die man auch als »Überlebensmodus« bezeichnet. Es ist die sogenannte Kampf-oder-Flucht-Reaktion, die noch aus Urzeiten in uns verankert ist, als es galt, die gesamte Energie in die Muskeln zu schicken, um sich entweder dem Kampf zu stellen oder schnell vor dem Säbelzahntiger zu flüchten und das Weite zu suchen. In solch einem Überlebensmodus wird die gesamte Energie für den Kampf benötigt. Das Immunsystem wird heruntergefahren, die übrigen Zellen erledigen das Nötigste. Es bleibt keine Energie für Reparatur, Regeneration und Wachstum übrig. Und das alles hat seinen Ursprung in Ihrem Gehirn.

Auf jeden Gedanken
folgt eine biochemische Reaktion.

Das Gehirn schickt dem Körper sozusagen seine Gesandten, die eine »frohe Botschaft« oder auch eine »Kriegserklärung« überbringen sollen. Wenn der Körper sich dann entsprechend fühlt, schickt er wiederum »den unterzeichneten Vertrag« zurück ans Gehirn. Er macht deutlich, dass er jetzt genau so fühlt, wie das Gehirn denkt. Diese ständige Interaktion zwischen Gedanke, Zelle und Körper bezeichnet der Neurophysiologe Dr. Jo Dispenza als große Chemiefabrik, die unzählige Körperfunktionen aufeinander abstimmt. Wenn aus Ihrem Gedanken ein Gefühl wird, dann bekommt die Zelle ein Signal und schickt Hormone, Neurotransmitter und Neuropeptide auf den Weg. Diese chemischen Botenstoffe sind eine Art Brücke zwischen dem Gehirn und dem Körper. Sie ermöglichen den Zustand, dass wir uns tatsächlich so fühlen, wie wir denken.

Lassen Sie uns über Sex sprechen!

Sicher haben Sie schon einmal einen schönen erotischen Gedanken gehegt. Diesen Gedanken erleben Sie so intensiv, dass Sie ihn mit all Ihren Sinnen genießen. Sie sehen Bilder, Sie hören vielleicht eine Musik, ein Atmen, ein Stöhnen oder Worte in Ihrem Ohr. Vielleicht können Sie sogar etwas riechen oder schmecken. Sie empfinden eine sinnliche und warme oder eine aufgeheizte und wilde Situation. Langsam entwickelt sich dieser Gedanke zu einem Gefühl. Im Kopf ballern Ihre Zellen jetzt jede Menge Neurotransmitter und Neuropeptide ab, die im heißen Tempo durch Ihre Blutbahn fegen. Der Puls beschleunigt sich. Das Herz schlägt schneller. Die Atmung wird intensiver. Sie fühlen Anspannung, Erregung, Hitze. Der Blutfluss fokussiert sich auf die Mitte des Körpers. Alles, was passiert und was ein einziger Gedanke initiiert hat, können Sie körperlich wahrnehmen.

Dieses Beispiel verdeutlicht noch einmal: In Ihrem Gehirn befinden sich Milliarden von Nervenzellen. Diese Nervenzellen sind durch Ihre Erfahrungen und Konditionierungen miteinander verbunden. Jede Zelle kann unglaublich viele Verbindungen eingehen. Es entsteht ein reges neuronales Netzwerk. Jede Erinnerung und jedes Abrufen einer gemachten Erfahrung ermöglicht eine Aktivierung dieser Verbindung und verstärkt sie. Wir Menschen haben unsere Vergangenheit und unsere gewohnten Verhaltensweisen bombenfest abgespeichert und spielen immer wieder die gleiche Leier. Das hat zur Folge, dass wir immer wieder die gleichen Erfahrungen machen. Weil wir ja ständig die gleichen gewohnten Gedanken denken. Aus diesen Gedanken werden Gefühle. Und aus den Gefühlen entwickelt sich unser körperlicher Zustand.

> *Wenn Sie freudige, wohltuende Gedanken denken, werden Sie gute Gefühle ernten und sich wohlfühlen. Wenn Sie ärgerliche, traurige und sorgenvolle Gedanken denken, dann werden Sie schlechte Gefühle ernten und sich unwohl fühlen, manchmal sogar krank. Beide Gefühle wird man Ihnen ansehen.*

Das Geheimnis der Veränderung – selbst steuerbare Neuroplastizität

Der Neurowissenschaftler Eric Kandel hat in den 1990er-Jahren den Nobelpreis für seine Entdeckung erhalten, dass die Anzahl der Nervenverbindungen durch wiederholte Aktivierung verdoppelt werden konnten. Und Verbindungen, die nicht weiter stimuliert werden, bilden sich bereits nach einer kurzen Zeit von etwa drei Wochen zurück. Diese unglaubliche Entdeckung, abhängig von der Intensität der Stimulation, Nervenbahnen im Gehirn zu stärken oder schrumpfen zu lassen, nennt man Neuroplastizität. Darüber hinaus ist der Mensch in der Lage, ein Leben lang dazuzulernen und somit völlig neue Nervenbahnen zu schaffen. Bei der gezielten Anwendung durch mentale Übungen sprechen Experten von der sogenannten selbst steuerbaren Neuroplastizität, die sowohl die Abläufe im Gehirn als auch in der Realität unseres Lebens verändert.

Ungefähr zeitgleich entwickelte sich auch die neue Wissenschaft der Epigenetik, die davon ausgeht, dass bis zu ca. 85 Prozent der Gene durch Signale aus der Umwelt beeinflusst und verändert werden können. Sie bestreitet nicht, dass ein bestimmtes Genmaterial weitergegeben wird, sondern beweist, dass Gene auch durch Gedanken, Gefühle und Überzeugungen veränderbar sind. Jedes Gen hat sozusagen einen Schalter für EIN und AUS, ähnlich einer Lampe. Und wir entscheiden durch unser Leben und unsere Überzeugungen, ob die Lampe brennt oder nicht.

Wenn wir uns also in einem Stresszustand befinden und dadurch entsprechend in ein hormonelles Ungleichgewicht kommen, dann werden wir uns unwohl fühlen. Wenn wir dauerhaft in einem Stresszustand sind, dann werden wir uns dauerhaft unwohl fühlen und aus diesem Unwohlsein können chronische Erkrankungen werden. Früher oder später wird dann der Schalter umgelegt und schlimmstenfalls ein potentielles Gen aktiviert.

Alte Erfahrungen überschreiben

Diese vielen neuronalen Netzwerke in unserem Kopf sind das Ergebnis unserer Vergangenheit und unserer Erfahrungen. Wir können sie nicht gänzlich löschen. Was wir jedoch machen können ist, diese zu überschreiben. Das heißt, wir schwächen die alten und schlechten Verbindungen, indem wir diese weniger abrufen und uns weniger daran erinnern. Wir sollten weniger denken, weniger darüber reden und folglich weniger Gefühl damit verbinden. Dadurch bringen wir dieses Netzwerk zum Schrumpfen. Zeitgleich denken wir neue Gedanken. Gute Gedanken. Gesunde Gedanken. Dieses »Darüberlegen« und »Überschreiben« nennt sich in der Fachsprache der Psychologen und Neurowissenschaftler Extinktion. Durch die neuen Gedanken bilden sich neue Pfade, neue Linien von einem Neuron zum anderen. Es sind ganz zarte Linien und wenn wir wollen, dass daraus feste, dicke Verknüpfungen werden, dann sollten wir diese neuen und frischen Gedanken so oft wie möglich denken.

Sie können das auch mit einem Rasen vergleichen, auf dem Sie eine Bahn mit dem Rasenmäher gezogen haben. Diese neue Bahn ist sozusagen Ihre neu erschaffene Nervenverbindung. Wenn Sie jetzt in den Urlaub fahren und sich gar nicht weiter um diese Bahn auf Ihrem Rasen kümmern, dann sieht alles so aus wie vorher, wenn Sie wiederkommen. Das Gras ist zwischenzeitlich nachgewachsen. Die Bahn gibt es nicht mehr. Wenn Sie diese Bahn behalten wollen, dann sollten Sie regelmäßig mit dem Rasenmäher darüberfahren. Sie können daraus auch einen richtigen Trampelpfad machen, sodass die Bahn selbst in Ihrem Urlaub und bei längerer Untätigkeit erhalten bleibt.

Stets gleiche Gedanken und Gefühle führen zu immer gleichen Handlungen.

Es ist schon merkwürdig, dass wir Menschen immer wieder die gleichen Gedanken denken und die gleichen Gefühle haben und trotzdem die Erwartung hegen, es würde sich etwas ändern oder es würde etwas Neues in unserem Leben passieren. Doch gleiche Gedanken und Gefühle führen zu immer gleichen Handlungen, und deswegen passiert auch nichts Neues.

Die Vergangenheit und die alten Denkmuster sind fest in unserem Gehirn programmiert. Alle negativen Gefühle haben ihren festen Platz in unserem emotionalen Gedächtnis. Und wenn wir jetzt in der Gegenwart ein Erlebnis haben, dann ziehen wir es unbewusst durch unser verankertes Programm und kommen zu den immer gleichen Ergebnissen, aus denen wir dann unsere Zukunft ableiten. Unsere Zukunft ist sozusagen unsere Vergangenheit. Das Schicksal ist besiegelt. Es kommt, wie es kommen muss.

Um die selbst steuerbare Neuroplastizität vollendet beherrschen zu können, brauchen Sie viel Wissen, viel Zeit und viel Geduld. Das Wissen beziehen Sie von mir und aus den vielen Büchern, die ich Ihnen im Anhang empfehle. Doch Veränderungen erzielen Sie nur, wenn Sie ins Handeln kommen und die Praxis täglich tatsächlich üben. Das mentale

Training lässt sich gut mit sportlichem Training vergleichen, denn auch hier zählen ein starker Wille, Disziplin und Durchhaltevermögen.

Wie funktioniert das mentale Training?

Kommen wir noch einmal zum Ursprung. Wenn Sie eine selbstbewusste und charismatische Ausstrahlung haben wollen, dann sollten Sie selbst davon überzeugt sein, dass Sie ein selbstbewusster und charismatischer Typ sind. Und diese Überzeugung erhalten Sie nur, wenn Sie es auch fühlen und denken können. Erinnern Sie sich: Der Gedanke macht ein Gefühl. Aus dem Gefühl wird eine Überzeugung. Es wird eine Haltung daraus, die sich auch körperlich zeigt.

Kreieren Sie Ihre neue Persönlichkeit

Das heißt, zuerst sollten Sie sich alle Stärken, Potenziale, Erfolge, Fähigkeiten, Kompetenzen, Siege, gemeisterten Krisen, Komplimente, Anerkennungen, Besonderheiten, jedes Lob, jedes schöne Wort und so weiter und so weiter bewusst machen. Dann überlegen Sie einmal, was davon Sie besonders stolz und selbstsicher wirken lässt. Wichtig ist, dass Sie ein Erlebnis im Kopf haben. Eine Erinnerung, die Sie intensiv und sinnlich nachempfinden können. Die es Ihnen ermöglicht, etwas zu sehen, etwas zu hören und etwas zu fühlen.

Ein Gedanke muss ein sinnliches Erlebnis sein, damit daraus ein Gefühl werden kann.

Achten Sie auf Ihre Stärken! Sehen Sie die Dinge, die gut und schön an Ihnen sind! Richten Sie Ihren Fokus, Ihre gesamte Aufmerksamkeit auf diese wunderbaren Potenziale. Holen Sie nicht Ihre Fehler, Ihre Defizite, Ihr Scheitern und Ihre Zweifel hervor. Bestenfalls haben Sie diese zu erreichbaren Zielen definiert. Ihr positives Selbstbild wächst unaufhaltsam weiter, während Sie täglich Ihre Stärken im Geiste visualisieren.

Dann stellen Sie sich vor, wie denn Ihr ideales neues ICH wäre. Wie sind Sie denn, wenn Sie selbstbewusst und charismatisch sind? Stellen Sie sich eine konkrete Situation vor! Wo sind Sie? Wer ist noch da? Wie sieht es da aus? Wie sehen Sie aus? Was hören Sie? Was machen Sie? Wie machen Sie das? Was sind Ihre Fähigkeiten in diesem Moment? Wie reagiert Ihr Umfeld auf Sie? Was sind Ihre Stärken und Werte? Was ist Ihre Identität? Was ist Ihre Mission? Was ist Ihre Ausstrahlung? Wofür stehen Sie? Woran merken Sie, dass Sie selbstbewusst sind? Woran merken Sie, dass die anderen Sie als charismatisch empfinden?

Kreieren Sie Ihre neue Persönlichkeit und schaffen so ein Bild von Ihrem idealen ICH, das Sie jeden Morgen nach dem Aufwachen und jeden Abend, bevor Sie zu Bett gehen, vor Augen haben. Gehen Sie gedanklich in die konkrete Situation und spielen Sie in Ihrem Kopf einen Film ab, der Ihre ganz persönliche Erfolgsstory ist. Tauchen Sie mit allen Sinnen ein, in dieses intensive Erlebnis Ihrer persönlichen Glanzleistung. Schicken Sie Ihre ganze Aufmerksamkeit und Ihre gesamte Energie in diese positiven Bilder.

Während Sie das tun, startet in Ihrem Kopf ein spektakuläres Feuerwerk. Unzählige Neuronen in Ihrem Gehirn feuern munter drauflos und versuchen, sich miteinander zu vernetzen. Es entwickeln sich zahlreiche neue Verbindungen, die durch das tägliche Training stimuliert und immer fester und stabiler werden. Es entsteht ein wundersames neues neuronales Netzwerk, das mit jeder Erinnerung und mit jeder Handlung wächst und stärker wird. Diese Verbindungen legen sich wie ein dichtes Netz über die alten Strukturen, die durch mangelnde Aktivierung immer weniger sichtbar sind.

Der ideale Zeitpunkt

Sicher fragen Sie sich, warum es morgens nach dem Aufstehen und abends, bevor Sie zu Bett gehen, sein muss. Ich möchte Ihnen kurz erklären, warum diese Zeiten die besten sind, um aus Ihren Gedanken auch Gefühle werden zu lassen. Denn darauf kommt es an. Wenn Sie nur morgens Zeit zum Trainieren haben oder nur abends in diese Stimmung kommen, ist das auch nicht tragisch. Hauptsache, Sie nehmen sich ein wenig Zeit, um in einen Zustand zu kommen, der es Ihnen ermöglicht, Ihre neuen Gedanken intensiv und gefühlvoll nachzuempfinden. Diese Gedanken werden Ihre Realität, allerdings nur in einer sinnlichen und meditativen Stimmung. Sich einfach mal zu denken: Ach, ich bin ein toller Typ und sehe gut aus, funktioniert nicht. Es lässt Sie eher zweifeln und belebt alte Überzeugungen.

Im Grunde gelangen Sie zu mehr Selbstbewusstsein –, und das klingt jetzt wirklich paradox – wenn Sie es schaffen, Ihr (selbst-)bewusstes ICH hinter sich zu lassen. Denn jede Art von analytischem Denken, Zeitdruck und Umweltbeeinflussung wird Sie behindern, dieses reizvolle Ziel zu erreichen. Der Sitz unseres Bewusstseins, der Analyse und der Kognition, ist im vorderen Teil des Gehirns, dem präfrontalen Cortex, angesiedelt. Er ist der jüngste und neueste Teil des menschlichen Nervensystems. Von hier aus steuert das dynamische ICH kreativ und bewusst alle Prozesse. Es ist der Bereich, der uns von den niederen Wesen aus der Tierwelt deutlich abhebt. Hier sind wir der Boss. Hier überlegen, kontrollieren, analysieren wir. Hier treffen wir Entscheidungen. Damit Sie überhaupt verstehen, was ich hier schreibe, brauchen Sie genau diesen Bereich. Und Sie brauchen das Wissen, um neue Erfahrungen machen zu können. Der präfrontale Cortex ist für das Selbstbewusstsein sehr wichtig, denn hier werden bewusste Entscheidungen getroffen.

Wenn wir jedoch etwas verändern wollen, müssen wir tiefer ansetzen. Es ist sinnvoll, die Visualisierungen und Imaginationen in einem Zustand zu üben, der unser Bewusstsein in eine ruhige Stimmung und in Entspannung versetzt. Um die nötigen Energien freizusetzen, die ein brandneues neuronales Netzwerk erschaffen, müssen Sie versuchen, Ihren Verstand kurzfristig auszuschalten. Denn Ihre Erfahrungen, die für körperliche Reaktionen sorgen, sitzen viel tiefer. Sie erinnern sich: Das emotionale Gedächtnis sitzt im alten Gehirn und beherbergt vor langer Zeit entstandene und fest verkrustete Denkgewohnheiten und Glaubenssätze. Und wenn gewisse Verhaltensweisen zu Ihrer Natur geworden sind und Sie automatisch Dinge tun, ohne darüber nachzudenken, dann passiert das alles in den älteren Gehirnen, die in Ihrem Hinterkopf angesiedelt sind, und wo Ihr Unterbewusstsein beheimatet ist.

Sie können also davon ausgehen, dass bei Ihrem mentalen Training drei wichtige Schritte zu berücksichtigen sind: Zuerst machen Sie sich einen neuen Gedanken in Ihrem Bewusstsein und schicken ihn dann ins limbische System. Wenn jetzt aus dem Gedanken ein Gefühl und somit eine neue Erfahrung wird, dann verknüpft sich diese fest mit einer körperlichen Reaktion. Ein gänzlich neuer Zustand wird konditioniert. Dieser Zustand ist Ihre Realität.

Entspannte Momente nutzen

Sie sollten also günstigstenfalls einen Zustand erreichen, in dem Sie an all das, was normalerweise Ihre Aufmerksamkeit gewinnt, nicht denken. Denken Sie nicht an die Zeit, überprüfen Sie nicht Ihren Körper und lassen Sie alle Gedanken an Sorgen, Problemen und Pflichten beiseite. Denken Sie nicht an Ihre E-Mails, Ihr Facebook oder Ihr WhatsApp. Vermeiden Sie das Nachdenken, Grübeln, Erinnern und Analysieren. Wenn Sie Erfahrungen mit der Meditation haben, wäre das eine gute Möglichkeit. Auch einfache, sich wiederholende Bewegungsabläufe, wie sie die Shaolin-Mönche praktizieren, sind möglich. Auch ein Spaziergang in der Stille oder ein Runner's High beim Joggen sorgen für ein Umschalten in einen sanfteren Modus.

Mir gelingt es manchmal einfach so. Beim Blick aus einem Fenster habe ich einfach meine Gedanken verloren. Das hatte ich schon in der Grundschule, meine Lehrerin nannte es Tagträumen. Ich konnte für eine kleine Weile meine gesamte Umgebung einfach ausschalten. Meine Lehrerin musste mich dann wiederholt ansprechen, damit ich überhaupt reagieren konnte. Ich war einfach verschwunden. Sie hat mich liebevoll gebeten, nicht so häufig aus dem Fenster zu schauen und lieber ihrem Unterricht zu lauschen. Und das habe ich auch gemacht, weil ich ihre sanfte Art der Aufforderung schätzte. Was immer es auch ist, wobei Sie am besten Zeit, Körper und Umwelt ausschalten können, nutzen Sie diese Momente, um zu entspannen.

In einem entspannten Zustand können wir wunderbar aus unseren neuen Gedanken starke Gefühle machen.

Der normale Wachzustand nennt sich übrigens Beta-Zustand. Darin verbringen wir einen Großteil unserer Zeit mit bewusstem Denken, Logik und Analyse. Der Zustand kurz nach dem Aufwachen und kurz vor dem Einschlafen nennt sich Alpha-Zustand. Im Alpha-Zustand sind unsere elektromagnetischen Gehirnwellen viel ruhiger und wir fühlen uns entspannt. Das ist der ideale Zeitpunkt, um unser neues ICH zu festigen.

Was sich so einfach sagen und schreiben lässt, ist in Wahrheit eine Mordsarbeit, denn wir werden im 21. Jahrhundert in unserer westlichen Kultur sehr stark von unserem präfrontalen Cortex gesteuert. Sie erinnern sich: das jüngste Gehirn, das unseren Verstand und unser analytisches Denken ausmacht. Es wäre für uns natürlich viel einfacher, wir hätten einen schnelleren Zugriff auf unser limbisches System. Schließlich sitzen hier vorwiegend unsere Gefühle und Überzeugungen. Hier entsteht eine wertvolle Energie, die uns hilft, Herzensentscheidungen zu treffen. Denn es sind die positiven Emotionen, die es uns ermöglichen, ein reiches Leben zu führen, voller Liebe und guter Gesundheit.

Negative Emotionen lassen uns müde, alt und krank aussehen. Positive Gefühle machen uns stark und lassen unsere innere Schönheit nach außen strahlen.

Angst, Ärger, Sorge, Traurigkeit

Im nächsten Schritt möchte ich Sie gern für die vier häufigsten Emotionen sensibilisieren, die in unserer Seele und in unserem Körper ungebremst jede Menge Schaden anrichten können. Sie heißen Angst, Ärger, Sorge und Traurigkeit. Niemandem gelingt es, durch das Leben zu gehen, ohne sich mal zu ärgern, zu sorgen oder Gefühle von Angst und Traurigkeit zu haben. Das ist ganz normal und absolut menschlich. Wenn wir der Angst oder unserer Wut Einlass gewähren, dann werden wir in einen akuten Stresszustand versetzt. Unser Körper reagiert auf diese Gefahr, indem er Unmengen an Stresshormonen wie Cortisol und Adrenalin ausgeschüttet. Das ist eine sinnvolle Angelegenheit, damit uns in diesem Moment alle Kraft zur Verfügung steht, um klar zu denken, schnell zu handeln und uns selbst zu schützen. Dieser Ablauf ist gewinnbringend, solange er gelegentlich und für kurze Zeit zum Tragen kommt.

Wenn es in chronischen Stress ausartet

Wenn wir jedoch über einen längeren Zeitraum ängstlich, ärgerlich, besorgt oder traurig sind, dann katapultieren wir uns mit einem Rutsch in einen chronischen Stresszustand. Wir gehen in einen dauerhaften Schutz- und Überlebensmodus und haben weder Kraft noch Zeit, uns zu erholen und zu wachsen. Ein chronischer Stresszustand bedeutet, dass dauerhaft Stresshormone produziert werden, die unser Immunsystem schwächen. Unsere gesamte Körperabwehr und alle natürlichen Stoffwechselvorgänge brechen zusammen. Heftige negative Emotionen können uns krank machen. Wir können uns einen Infekt nach dem nächsten einhandeln. Die Durchblutung unserer Organe ist beeinträchtigt. Herzinfarkt und hoher Blutdruck können die Folgen sein. Wut kann den Augeninnendruck erhöhen und zu bedrohlichen Augenkrankheiten wie dem grünen Star führen. Ärger kann uns auf den Magen schlagen und sogar Magengeschwüre verursachen. Sorgen, Angst und Kummer können uns Rückenprobleme und Zahnschmerzen bringen. Gefühle von Rache und Groll können Entzündungen auslösen, und sie werden von manchem Mediziner sogar mit der leidvollen Diagnose Krebs in Verbindung gebracht. Große Traurigkeit und das schmerzvolle Gefühl der Trauer können uns die Luft zum Atmen rauben. Sie wissen ja, je besser und je tiefer wir atmen können, desto mehr Sauerstoff wird in unsere Zellen transportiert. Atmen ist Leben. Seine Lunge zu weiten und sich mit frischer Energie zu versorgen ist Lebendigkeit. Es hat mit Zukunft, Lust auf Leben und Erfahrungen zu tun. Wenn hingegen die Lunge sich verschließt, ist das häufig ein Zeichen für eine Lebensmüdigkeit. Es ist die Trauer eines Menschen, der in der Vergangenheit stehengeblieben ist und an einer »alten Sache« oder einem »verlorenen« Menschen festhält. Die Trauer um einen lieben Menschen, den der Tod genommen hat, kann besonders schmerzlich sein und alle Türen verschließen.

Gegebenheiten akzeptieren

Dabei wären weit geöffnete Türen unserer Gesundheit viel zuträglicher. Deswegen ist es besonders wichtig, die Wahrheiten des Lebens zu akzeptieren. Denken Sie daran: Negative Emotionen gehören einfach zum Leben dazu. Wir können sie nicht fernhalten, und Probleme sowie Herausforderungen sind immer wieder unsere Wegbegleiter. Aus negativen Gefühlen lernen wir Reife, Dankbarkeit und Wertschätzung. Sie lassen uns wachsen und regen uns zu einer positiven Entwicklung an. Wichtig ist, dass wir die Emotion erkennen und es verstehen, sie auszudrücken, um sie dann einfach ziehen zu lassen. Dann ist es okay. Nur ein negatives Gefühl, das nicht weiterzieht und sich in unserem Körper festsetzt, ist ein schädliches Gefühl. Es kann für Unwohlsein und Krankheit sorgen.

Wir können nicht verhindern, dass die Vögel der Sorge über unseren Kopf kreisen. Doch es liegt an uns zu entscheiden, ob sie Nester bauen dürfen.

Arabisches Sprichwort

Die Haltung, mit der Sie an das Leben herangehen, ist dabei entscheidend. Vielleicht helfen Ihnen dabei die fünf Regeln der Vergegenwärtigung aus dem Buddhismus nach Thich Nhat Hanh:

1. Es ist der natürliche Verlauf, dass ich alt werde. Ich kann dem Alter nicht entgehen.
2. Es ist der natürliche Verlauf, dass ich erkranken werde. Ich kann dem Krankwerden nicht entgehen.
3. Es ist der natürliche Verlauf, dass ich sterben werde. Ich kann dem Sterben nicht entgehen.
4. Es ist der natürliche Verlauf, dass alles, woran ich hänge, und alle, die mir lieb sind, sich verändern. Es gibt keinen Weg, dem Getrenntwerden von ihnen zu entgehen. Ich komme her mit leeren Händen, und ich werde gehen mit leeren Händen.
5. Meine Handlungen von Körper, Rede und Geist sind das Einzige, was mir gehört. Ich kann den Konsequenzen meiner Handlungen nicht entgehen. Meine Handlungen sind der Boden, auf dem ich stehe.

Wenn Sie akzeptieren können, dass manche Dinge einfach so sind, wie sie sind, und Sie es schaffen, Ihren Fokus auf das Wesentliche und Veränderbare zu legen, dann haben Sie bereits einen großen Schritt in die richtige Richtung getan. Es macht uns nicht gerade schöner, auch noch mit den Gegebenheiten des Lebens zu hadern, auf die wir ohnehin keinen Einfluss haben. Tun wir das, dann dürfen wir uns über einen verhärteten Blick und Zeichen der Verbitterung in unserem Gesicht nicht wundern.

Angst

Ich bin ein Angsthase. Und was mir wirklich geholfen hat, einen Großteil meiner Ängste loszulassen, sind keine exzentrischen Methoden wie Kletterei im Hochseilgarten oder Laufen über heiße Kohlen, sondern der sanfte Aufbau eines Urvertrauens. Denn Vertrauen ist der Gegenspieler von Angst.

Sie schaffen das!

Vor einigen Jahren war ich mal auf dem Seminar eines bekannten Erfolgstrainers. Nach einem ersten Kennenlernen im Hotel und einer Unterschrift, dass alles weitere auf eigene Gefahr passiert, sind alle Teilnehmer in den Wald gegangen. Das war wirklich ungemütlich, stockdunkel, arschkalt und nass. Wir sollten uns in der Gruppe zusammenfinden und kurz in einigen Sätzen unsere Angst, unser Scheitern oder unsere Hemmung kundtun. Jeder war mal an der Reihe. Nach erfolgreichem Outing hieß es dann, Selbstvertrauen zu zeigen und laut zu rufen: »Ich schaffe das!« Die Gruppe reagierte spontan im Chor und noch energischer: »Du schaffst das! Wir schaffen das!« Dreimal in Folge wurde dieser Schlachtruf gebrüllt, und dann ging es mit Hilfestellung wie im Sportunterricht in der Schule auf einen abgehackten Baumstumpf. Dort hieß es: Gerade hinstellen, Arme vor der Brust verschränken und sich dann vertrauensvoll rückwärts nach hinten fallen lassen. Damit keiner auf den Kopf fallen oder sich ein paar Knochen brechen konnte, wurde man von den anderen mit einem festen Ledertuch aufgefangen. Anschließend wurde noch ein bisschen geschaukelt, dann applaudiert und liebevoll in den Arm genommen, damit sich das Gefühl einstellen konnte: Ich kann alles schaffen, was ich will. Ob diese Art von Training hilft, seine Ängste zu überwinden? Ob eine solche Aktion uns im Leben erfolgreicher sein lässt? Ob wir durch Kletteraktionen in der Dunkelheit schöner werden?

Ich glaube nicht daran. Ich habe das Gefühl, die Menschen trauen sich eher eine Achterbahnfahrt zu, als ein Konfliktgespräch auszuhalten oder einem Menschen ihre Gefühle einzugestehen. Es gibt so viele Menschen, die sich ständig körperlich herausfordern, doch wenn es um das wahre Leben geht, dann fühlen sie sich klein und mutlos. Sie trauen sich nicht, ihrem Chef die Meinung zu sagen, eine längst fällige Entscheidung zu treffen oder einen ehrlichen Kontakt zu einem anderen Menschen aufzunehmen. Sie machen lauter verrückte Dinge, halten ihren Körper durchtrainiert und posten ihr aufregendes Leben bei Facebook, damit es auch jeder sehen kann und sie eine Illusion von Bewunderung aufrechterhalten können.

Ängste zu überwinden heißt vielmehr, mit Menschen in einen aufrichtigen Kontakt zu gehen und sein Herz zu öffnen. Und es heißt eindeutig Ja zum Leben zu sagen. Solange mich Gedanken an ein trauriges Leben, Einsamkeit, Verlust, Tod und Trauer plagen, kann ich nicht Ja zum Leben sagen. Es ist meine Aufgabe, das Gute zu erwarten und jede Situation als Bereicherung und jeden neuen Menschen als Lehrer zu betrachten. Ich sag nicht, dass das einfach ist. Aber es ist machbar. Was hilft, ist der Glaube und die Einstellung, dem Leben vertrauen zu können oder einer übergeordneten Kraft, die auf uns achtgibt und uns beschützt. Für manche Menschen ist es der Glaube an Gott, der ihnen hilft, Vertrauen in das Leben zu setzen. Andere haben lediglich ein unbestimmtes Gefühl, dass es da noch irgendetwas gibt, was sich nicht einfach mit Worten erklären lässt.

Gute Gedanken pflegen

Eine meiner Ängste, von der ich mich zu einem großen Teil befreien konnte, war die Sorge um meine Tochter, zu den Zeiten, als sie anfing auszugehen – zum Feiern in die Düsseldorfer Altstadt, und das zu einer Uhrzeit, zu der jeder andere Mensch bereits im Pyjama ist. Wenn Sie dann am frühen Morgen zu Hause eintrudelte, lagen meine Nerven blank, denn geschlafen hatte ich so gut wie gar nicht. Ich habe mir alles Mögliche vorgestellt, was einem jungen Mädchen in der Nacht an Unheil passieren könnte. Sie können sichergehen, dass ich sämtliche Schutzprogramme aktiviert hatte, von Anrufen über das Bestellen von Gemeinschaftstaxis bis hin zu morgendlichen Abholaktionen.

Natürlich ist der Gedanke nicht ganz weg und immer wieder gibt es Situationen, die mich auf eine nervenzermürbende Probe stellen. Die Welt ist eben ein gefährlicher Platz, und es können schlimme Dinge passieren. Eine gesunde Vorsicht ist also nicht verkehrt, stimmt's? Und als mein Töchterchen in Paris wohnte, habe ich es gefühlte 533-mal gebeten, nicht zu später Stunde mit der Metro zu fahren. Ich weiß nicht genau, ob meine Tochter sich daran gehalten hat. Mittlerweile ist sie 24 Jahre alt und ich habe mich ein wenig daran gewöhnt, dass sie macht, was sie will. Ich weiß, dass ich sie und die Situation nicht fortlaufend kontrollieren kann. Und das will ich auch gar nicht. Es ist gut, dass sie ihr eigenes Leben lebt, denn wie heißt es so schön: »Was ich nicht weiß, macht mich nicht heiß.« Ich habe gelernt, dass es mir viel besser damit geht, gute Geschichten und schöne Bilder im Kopf zu haben.

Vielleicht kennen Sie den Disney-Film »Findet Nemo« mit dem kleinen Clownfisch Nemo, der plötzlich verschwunden ist. Da gibt es auch diese erfrischende Unterhaltung zwischen dem sich sorgenden Vater-Clownfisch und einem befreundeten weiblichen Fisch. Der Vater sagt: »Ich habe ihm doch versprochen, nie zuzulassen, dass ihm was passiert.« Die Antwort: »Was? – Du kannst doch nicht zulassen, dass ihm nie etwas passiert. Dann passiert ihm doch nie etwas.«

Genauso ist es. Natürlich können im Leben auch schöne Dinge passieren. Wenn Sie wie ich dazu neigen, schnell ein Horrorszenario im Kopf zu haben, dann sollten Sie auf keinen Fall zusätzlich belastendes Bildmaterial oder gut gemeinte Ratschläge von überängstlichen Personen in Ihren Kopf lassen. Das heißt, schauen Sie in Zukunft kein »Aktenzeichen XY« und keinen »Tatort« mehr und hören Sie nicht hin, wenn Ihre Mutter oder Freundin Ihnen erzählen, welche unglaublichen Gewaltverbrechen mal wieder gängiges Tagesgeschehen sind.

Wenn Sie unter Ängsten leiden, gleichgültig welcher Natur, ob es nun Flugangst oder Lampenfieber ist, dann helfen Ihnen schöne Erinnerungen und positive Erwartungen. Schicken Sie Ihr Gehirn auf die Suche nach triftigen Gründen, warum die bevorstehende Situation reizvoll Ist. Finden Sie heraus, was an ihr tröstlich und befriedigend ist.

Bauen Sie Vertrauen in die eigenen Fähigkeiten auf

Nehmen wir als Beispiel doch einmal die Angst, vor einer großen Gruppe von Menschen bzw. vor Publikum zu sprechen. Darüber kann ich gut berichten, denn auch bei mir stellt sich regelmäßig ein mulmiges Gefühl ein. Während ich nach außen noch ruhig und gefasst wirke, tobt in meinem Inneren bereits der Kampf der Hormone. Überwiegend Stresshormone, die nicht gerade für ein schönes Erscheinungsbild sorgen. Das Blut und somit die rosige Farbe wird aus dem Gesicht gezogen und in die Extremitäten gepumpt – Sie erinnern sich: Kampf-oder-Flucht-Reaktion. Die gedrosselte Durchblutung im Kopf lässt außerdem die Augen trocknen, die in Folge klein und rot wirken können. Die Speichelproduktion lässt ebenso nach, schlimmstenfalls klebt die Zunge am Gaumen fest und erschwert ein fein akzentuiertes Sprechen. Ein blasses Gesicht, ein verkniffener Gesichtsausdruck, ein ständig nervös wirkendes Befeuchten der Lippen und ein gelegentliches Räuspern können rein optisch Ihren Auftritt versauen. Ein Gefühl der Angst macht Sie schlicht und ergreifend nicht schöner. Doch was können Sie dieser leidvollen Erfahrung entgegensetzen?

Sie können genau drei wichtige Maßnahmen ergreifen:
1. Sie bereiten sich bestens vor.
2. Sie bringen sich in einen guten Zustand.
3. Sie machen es einfach.

Eine gute Vorbereitung ist der erste nötige Schritt, um Vertrauen in die eigenen Fähigkeiten aufzubauen und ein Gefühl der Selbstsicherheit zu spüren. Wenn wir nicht lernen, üben und trainieren, dann erinnern sich Geist und Körper daran und wir erwarten unbewusst ein entsprechend durchschnittliches oder schlechtes Ergebnis.

Machen Sie sich positive Vorstellungen

In einen guten Zustand bringen Sie sich, indem Sie sowohl Ihre Persönlichkeit als auch die Veranstaltung selbst positiv imaginieren. Sie erinnern sich: Sie machen sich Ihre Stärken, Potenziale und Erfolge bewusst und rufen bestimmte Referenzerlebnisse ab, die Sie in Bild und Ton denken können, so dass daraus ein Erfolgsfilm wird. Dann sehen Sie sich auf der Bühne stehen und spüren nach, wie Sie lebendig präsentieren und Ihr Publikum wohlwollend auf Sie reagiert. Sie malen diese Situation in Ihrem Geist groß und hell aus und nutzen frische Farben. Ein Bild der Angst sieht meistens gedrückt, düster und grau aus.

Wenn Sie mein erstes Buch gelesen haben, dann wissen Sie, dass auch Powerposen und die Imagination eines Energiestrahls Wunder wirken können. Und dann machen Sie es einfach! Fragen Sie sich: Was kann mir schlimmstenfalls passieren. Und dann setzen Sie diese Erkenntnis in Relation zu den wirklich wichtigen Dingen im Leben. Machen Sie sich klar, dass ein Scheitern kein Weltuntergang ist. Streifen Sie den Hang zur Perfektion ab. Es gibt keine Perfektion. Und Angst lässt sich am besten überwinden, wenn Sie es wagen, obwohl Sie sich nicht perfekt fühlen.

Der öffentliche Auftritt ist nur als Beispiel gedacht; die Ängste der meisten Menschen sind viel subtiler. Sie haben Angst, auf die Bitte einer nahestehenden Person mit Nein zu antworten. Sie haben Angst, innerhalb ihrer Ehe ihre wahre Meinung zu vertreten oder den Konflikt mit der Arbeitskollegin auszutragen. Sie haben Angst vor Ablehnung und vor Einsamkeit. Angst, nicht mehr geliebt zu werden.

Die Angst kann natürlich auch ein nützlicher Ratgeber sein. Sie hilft uns, in Gefahrensituationen überlegt und vorsichtig zu agieren. Sie wird erst dann zu einem Problem, wenn unsere Vorstellungskraft ungebremst in Fahrt kommt und wir uns ausmalen, was alles Furchtbares passieren könnte. Die Betonung liegt auf »könnte«, denn in den meisten Fällen treten die Befürchtungen überhaupt nicht ein und sind zu 98 Prozent realitätsfern. Natürlich können auch Erinnerungen wieder unangenehme Gefühle wachrufen und uns in einen Schutzmodus versetzen. Zumindest dann, wenn Erfahrungen aus der Vergangenheit nicht erfolgreich bearbeitet worden sind und alte Denkmuster uns dazu zwingen, wieder in die erlebte Situation einzutauchen.

Der Körper reagiert auf Angst

Wenn wir starke Angst haben, dann rebelliert unser Körper, geht in die Alarmstellung und versucht, sich von allen überflüssigen Aufgaben zu befreien. Das ist auch der Grund dafür, dass wir öfter zur Toilette müssen. Sie kennen sicher den Ausdruck »Schiss in der Hose haben«. Doch wir müssen definitiv auch mehr pinkeln, da unsere Nieren in

Angstsituationen besonders beansprucht werden. Dunkle Augenringe und ein hohler Blick können Anzeichen einer stark beanspruchten Nierenenergie sein. Auch die Nebennieren können sich bei Angst erschöpfen und ein roter Augeninnenrand kann deutlich werden. Angst lässt sich an den Augen besonders gut ablesen. Sie können weit aufgerissen und erschrocken aussehen. Sie können dunkel wirken und düster blicken. Auch die Muskulatur bzw. der Knochenbau kann in Mitleidenschaft gezogen werden. Am Kinn zeigt sich das zum Beispiel an einem weichen Gewebe mit kleinen Dellen, ähnlich wie Orangenhaut. Weitere Indikatoren von Angst sind körperliche Mechanismen, die einen Schutzmodus anzeigen. Dazu gehören Muskelverspannungen ebenso wie Fettleibigkeit. In dem einen Fall versucht der Körper zu überleben, indem er sich hart gegen Eindringlinge macht. Und im anderen Fall versucht er, sich durch eine gute Polsterung und Fettschicht zu schützen. Die Körperhaltung bei Angst spricht auch Bände, denn ein steifer Nacken macht unbeweglich und der Hals wird eingezogen wie bei einer Schildkröte, um im übertragenen Sinne die wichtige Halsschlagader zu schützen.

Ist Angst Ihre vorherrschende Emotion?

Wenn Angst Ihre vorherrschende Emotion ist, dann werden Sie es an der Neigung erkennen können, alles bestmöglich kontrollieren zu wollen. Sie lieben dann wahrscheinlich geplante und gesicherte Abläufe, entscheiden gern auf Kopfbasis und können schlecht abschalten oder sich fallen lassen. Ihre Gedanken werden Sie ständig dazu verführen, den Überblick zu haben und alles im Griff zu behalten. Sie hassen Anrufe in der Nacht und unvorhersehbare Geschehnisse, die eine Ausnahmesituation ankündigen und schnelles Handeln erfordern. Sie fühlen sich bedroht, wenn Sie auf die Hilfe anderer angewiesen sind oder Ihnen die Situation entgleitet. Befindlichkeitsstörungen in Form von Herzrasen, Atembeschwerden, Krämpfen, Anspannungen, Reizmagen, Kloß im Hals, Schwitzen und Frösteln sind Ihnen nicht fremd. Sicher kennen Sie den Ausspruch: »Mir ist ein eisiger Schauer den Rücken hinuntergelaufen.« Die Aussage »Ich war wie gelähmt vor

Angst« macht deutlich, dass auch Bewegungseinschränkungen und Ohnmachtsanfälle körperliche Reaktionen auf ein Gefühl der Angst sein können. Durchblutungsstörungen sind ebenfalls ein Symptom der Angst (das Wort kommt übrigens vom lateinischen »angustus«, was »eng« bedeutet). So können Sie sich vorstellen, dass die Angst Ihre Gefäße verengt und den Durchfluss des Blutes und den Atemfluss behindert.

Angst macht uns nicht schöner. Vertrauen und Mut sind die guten Emotionen, die der Angst die Stirn bieten und sie in die Flucht schlagen. Lernen Sie, sich selbst zu vertrauen und Vertrauen in den Fluss des Lebens zu setzen.

Wut und Ärger

Stellen Sie sich bitte einen ärgerlichen Gesichtsausdruck vor. Gehen Ihnen auch Bilder durch den Kopf von zusammengezogenen Augenbrauen, einem hasserfüllten Blick, einem überhitzten, roten Gesicht, so als stände alles kurz vor einer Explosion? Im Extremfall schießt Rauch aus den Ohren und die Haare stehen zu Berge. Wie ein Kessel auf dem Ofen, in dem das Süppchen brodelt, bis der Deckel schließlich nach oben schießt und alles überkocht.

Dabei ist auch Ärger eine sinnvolle Einrichtung der Natur und unseres Organismus, denn er dient als Schutz gegen Menschen, die uns schaden oder ausnutzen wollen. Wenn die Emotion einmal da ist, kann es durchaus gesund sein, »seinem Ärger Luft zu machen« und dann mit einem ruhigen Puls und einem Gefühl der Gelassenheit konstruktiv an eine Lösungsfindung heranzugehen. Dieses ausgleichende Gefühl der Gelassenheit bekommen Sie allerdings nur, wenn Sie den Ärger aufrichtig loslassen können.

Ohne Loslassen keine Gelassenheit.

Wenn Sie Ärger, Wut und Zorn in sich behalten, dann werden Ihr Geist und Ihr Körper sich verhärten. Im Fall des Geistes können Sie davon ausgehen, dass Sie die im Leben passierenden Dinge nur noch mit einem Tunnelblick betrachten können. Die Fähigkeit, auch nach links und rechts zu schauen und seinen Geist für eine wunderbare, bereichernde Welt zu öffnen, geht verloren. Genau so wie es Ihnen an geistiger Flexibilität mangelt, werden Sie auch die überzogene Straffheit und Härte Ihres Körpers wahrnehmen können. Eine mangelnde Beweglichkeit und eine zu strenge Unangepasstheit werden Ihnen auf Dauer schaden, denn das Leben und seine Herausforderungen erfordern eine sanftere Art. Die Afrikaner sagen, man muss »die Rute biegen, solange sie grün ist«. Und in der Jugend ist man bekanntlich noch grün hinter den Ohren.

Je älter wir werden, desto deutlicher wissen wir, was wir wollen und was wir ablehnen. Natürlich ist es auch ein Zeichen von Selbstbewusstsein, wenn man nicht mehr durch alles und jeden biegbar ist. Es darf halt nur nicht zu einer Sturheit und zu blindem Eifer werden. Ein verhärteter und unbeweglicher Körper trocknet schnell aus, wird schwach und brüchig. Ähnlich einem alten und morschen Baum, der bei einem starken Windstoß einfach bricht. Ein junges Bäumchen oder ein bewegliches Gewächs wird sich mit dem Wind neigen und sich nach dem Sturm wieder zu seiner ursprünglichen Pracht aufrichten.

Fressen Sie Ärger nicht in sich hinein

Sie können den Ärger eines Menschen auch an den tiefen vertikalen Falten zwischen seinen Augenbrauen erkennen. Ebenso kann rötlich oder gelblich gefärbtes Augenweiß einen Hinweis auf eine innere Wut geben. Die mit Ärger in Verbindung stehenden Organe sind vor allem Magen, Galle und Leber. Insbesondere wenn Sie dazu neigen, Ihre ärgerlichen Gefühle herunterzuschlucken, können diese Ihnen sauer wieder hochsteigen. »Sauer sein«, »sauer aufstoßen«, »Druck ablassen«, »gegen jemanden anstinken«, »Gift und Galle spucken«, »etwas zum Kotzen finden« und »vor Wut platzen«: Es gibt viele geflügelte Worte, die deutlich machen, wie unser Körper mit aufgestautem Ärger umzugehen versucht. Entzündungen im Körper oder auch Steine in den Organen machen uns darauf aufmerksam, dass unsere Aggression sich verhärtet und wir uns einen Wutausbruch längere Zeit verkniffen haben. Das Gift bleibt sozusagen im Körper.

Sich zu ärgern, gleicht dem Trinken von Gift und der darauffolgenden Hoffnung, es würde deine Feinde töten.

Nelson Mandela

Jede Aggression, die in uns stecken bleibt, ist wie ein schlummernder Vulkan, dem noch eine kleine und alles verändernde Wellenbewegung fehlt, um gewaltig zum Ausbruch zu kommen. Selbst schwerste Erkrankungen wie Krebs werden von manchem Mediziner mit einem Nicht-loslassen-Können und dem Festhalten von Hass und Groll in Verbindung gebracht. Denn ein Höchstmaß solch negativer Gefühle kann unsere Seele vergiften und sie von innen verbrennen und zerfressen. Jede körperliche Störung, die sich durch eine Überhitzung sinnbildlich zum Ausdruck bringt, wie Fieber, Bluthochdruck, Brennen und Entzündungsherde, sollte uns veranlassen, die momentane Lebenssituation zu hinterfragen und konkret nach Antworten auf folgende Fragen zu suchen: Wer oder welche Situation irritiert mich? Worauf bin ich wütend? Was ärgert mich?

Ärger ist menschlich

Wir alle ärgern uns ständig. Meist über andere Leute und über Kleinigkeiten. Wir ärgern uns, wenn der Idiot im Wagen vor uns einfach zu blöd zum Autofahren ist. Wir ärgern uns, wenn sich an der Supermarktkasse eine Schlange gebildet hat, gerade dann, wenn wir es eilig haben. Wir ärgern uns, wenn wir es nicht schaffen, dem Partner, der Mutter oder anderen Personen im Umfeld unsere ehrliche Meinung zu sagen. Wir ärgern uns über Wind, Regen und heftigen Schneefall in den Morgenstunden, über Warteschleifen im Callcenter, über die Verspätung der Deutschen Bahn, über zusammengebrochene Internetverbindungen, Taubenscheiße auf der Karosserie, das Knöllchen wegen Falschparkens und die verschimmelten Erdbeeren, die wir erst nach dem Kauf unter den schön aussehenden in der Schale entdecken. Ärgern ist menschlich und lässt sich wahrscheinlich auch nicht vermeiden, es sei denn man ist dement, im Koma oder tot.

Dauerärger macht krank

Doch ständige Ärgernisse, wiederholte Streitereien und ein permanenter Kampf lassen ein Druckgefühl in der Brust entstehen, lassen unser Herz schnell schlagen, drosseln die Sauerstoffzufuhr und machen uns müde, ängstlich und lethargisch. Wir reagieren mit aller Deutlichkeit körperlich, und dennoch kann es passieren, dass wir die Ursache dieses Reaktionsmusters einfach nicht sehen oder vielleicht auch nicht sehen wollen.

Deshalb noch einmal an dieser Stelle, weil es so besonders wichtig ist: Versuchen Sie nicht, dauerhaft ärgerliche Situationen einfach auszuhalten! Unsere Psyche ist ausgesprochen raffiniert und hilft uns dabei, unakzeptable Situationen in unserem Leben einfach auszublenden. Sie verführt uns dazu, nicht genauer hinzuschauen oder hinzuhören. Sie ist clever und animiert uns, der störenden Sache und den schädlichen Einflüssen durch Menschen in unserem Umfeld einfach aus dem Weg zu gehen. Dieses Prinzip funktioniert eine Weile ganz prima. So lässt sich eine verheerende Arbeitsatmosphäre ertragen, eine desolate Beziehung durchstehen, eine längst fällige Scheidung aufschieben und ein Leben bewältigen, das mit einem selbst und den ureigenen Bedürfnissen überhaupt nichts zu tun hat. Wenn Sie schlau sind, dann schauen und hören Sie genau hin. Lernen Sie die Signale Ihres Körpers zu deuten, denn jedes ist eine Botschaft Ihrer Seele.

Menschen finden sich übrigens mit Vorliebe zu Wertegemeinschaften zusammen. Es tut uns in der Regel sehr gut, wenn wir Menschen in unserem näheren Umfeld haben, die eine ähnliche innere Landkarte besitzen und deren Überzeugungen sich mit unseren decken. Das Andersartige strömt immer einen Reiz und eine Verlockung aus, da wir es interessant finden, dass Menschen ganz unterschiedliche Persönlichkeiten mit eigenen Meinungen sind. Doch im engen und auf Dauer ausgerichteten Zusammenleben kann die fehlende Deckungsgleichheit eines Wertesystems für Verwirrung und schlechte Gefühle sorgen. Es erschwert die Vertrauensbildung, verführt zur (Selbst-)Untreue und macht intolerant – auf eine stille wütende Art oder auf eine angriffslustige.

Beruhigen Sie sich selbst

Um unmittelbar auf eine unangenehme Aufregung und aufsteigende Wut zu reagieren, sind Techniken der Selbstberuhigung und Selbstregulation eine gute erste Wahl. Sie erinnern sich: Wenn wir eine herausfordernde Erfahrung machen, setzt unser Gehirn Stresshormone frei. Genauer gesagt reagiert das sympathische Nervensystem, das unsere Kampf-oder-Flucht-Reaktion auslöst. Wir spannen unsere Muskeln an, das Herz schlägt schneller und unser Blutdruck steigt. Die Aufmerksamkeit wird hochgefahren, wir beginnen zu schwitzen und unsere Lunge arbeitet mit voller Kraft, um Sauerstoff ins Blut zu bekommen. Wir sind in höchster Alarmbereitschaft. Der Parasympathikus ist für Beruhigung und Erholung zuständig. In diesem Ruhezustand können wir wieder Energie auftanken, der Herzschlag normalisiert sich und der Blutdruck sinkt. Wir haben wieder eine vermehrte Speichelaktivität und auch die Verdauung funktioniert auf normalem Niveau.

Man kann diese beiden Zustände auch wunderbar auf dem Monitor betrachten, da ein Biofeedback es möglich macht, die Herzratenvariabilität zu beobachten und zu vergleichen. Im Fall von negativen Emotionen wie Ärger, Wut und Angst steigt das Stressniveau und die Linienführung wirkt unruhig und chaotisch. Wenn sich hingegen die Herzfrequenz aufgrund positiver Emotionen entspannt, ist das Bild eines kohärenten Herzrhythmus zu sehen.

Durch gezielte Aufmerksamkeit kann das Denken und Fühlen auf positive Erinnerungen gerichtet werden. Aber auch Ausdauersport und kurze Meditationen in Form von Atemübungen erreichen die Umschaltung innerhalb des vegetativen Nervensystems vom Sympathikus auf den Parasympathikus. Bei der Meditation kommt die Entspannung des Gehirns und der Gedanken im Körper an. In dem Moment reagieren die Nervenzellen im Hippocampus und unser Erregungsniveau wird heruntergefahren. Wir produzieren körpereigenes Morphium, welches wiederum zu der Bildung von Stickstoffmonoxid führt und unsere Gefäße weit stellt. Blutdruck und Puls sinken, die Stresshormone werden lahmgelegt.

Techniken zur Selbstberuhigung

Also, wenn Sie sich richtig geärgert haben, dann macht eine gezielte Selbstberuhigung und Aktivierung des Parasympathikus wirklich Sinn. Sie können nach draußen in die Natur gehen und im gemäßigten Tempo joggen. Oder Sie setzen sich in Ruhe, bequem und mit geradem Rücken, irgendwohin und fangen an zu atmen. Einen tiefen Luftzug nehmen, der durch die Nase über die Kehle zu den Bronchen bis tief in Lunge fließt. Am besten atmen Sie durch die Nase ein und durch den leicht geöffneten Mund wieder aus. Wenn Sie einatmen, sollte sich Ihr Bauch heben und wenn Sie ausatmen, wieder senken. Normalerweise atmen wir neun- bis zwölfmal in der Minute. Versuchen Sie einmal, diese Frequenz zu reduzieren, indem Sie erst sechs- und dann nur viermal in der Minute einatmen. Sie können zum Beispiel damit beginnen, fünf Sekunden einzuatmen und fünf Sekunden auszuatmen. Nachdem Sie das ein paarmal geübt haben, versuchen Sie, länger auszuatmen, als Sie eingeatmet haben. Zählen Sie einfach in Gedanken mit und versuchen Sie, die Sekundenzahl beim Ausatmen zu verdoppeln. Dadurch kann die Lunge mehr frische Luft und Sauerstoff aufnehmen. Die Lunge weitet sich und Sie werden nach und nach merken, dass es Ihnen immer besser gelingt.

Eine schöne Idee, die Aufmerksamkeit zu bündeln und uns in eine tiefe Meditation zu versetzen, um innere Stärke zu kultivieren, ist das gleichzeitige Aufsagen eines Mantras. Das bekannteste Mantra des Buddhismus ist eine hervorragende Alternative zum einfachen Zahlenreihendenken. Vielleicht kennen Sie es: »Om-mani-padme-hum«. Sie sagen diese Worte laut mit voller Stimme beim Ausatmen und lassen bewusst jede Silbe lange nachklingen. Dann holen Sie wieder tief Luft und bringen erneut jede Silbe zum Vibrieren. Durch die Wiederholungen und die ungeteilte Konzentration auf das Mantra wird Ihr Geist immer ruhiger werden und Ihre Herzfrequenz den harmonischen Zustand der Kohärenz erlangen. Es ist eine einzigartige Chance, unsere Atmung, die eigentlich völlig unbewusst und automatisch passiert, bewusst kontrollieren zu können.

Nutzen Sie die Entspannungstechniken, denn eine Kohärenz der Herzraten sorgt auch für gut durchblutete Organe und entspannte Gesichtszüge. Sie sehen dann weich, sanft und zufrieden aus.

Eine besondere Bedeutung wird auch der Zeit zwischen den Atemzügen beigemessen. Wenn Sie nach einem letzten Atemzug ein wenig innehalten, bevor Sie langsam wieder anfangen einzuatmen, dann bemerken Sie mit der Zeit eine Entspannung, in der Zeit und Ort keine Rolle spielen. Diese Zeitphase wird von vielen Meditationsmeistern als besonders kreativer und schöpferischer Moment erachtet.

Atmen ist Leben, nutzen Sie diese Weisheit
für Ihr Wohlbefinden.

Sorge

Sorgen und Ängste vermischen sich im wahren Leben, denn hinter jeder Sorge steckt eine Grundangst, die es zu bekämpfen gilt. Wenn ich hier von Sorgen spreche, dann ist damit das ständige und unproduktive Gedankenmachen und Grübeln gemeint. Vielleicht machen Sie sich Sorgen um Ihre Liebsten oder Ihre Sorgen und Nöte drehen sich um Ihre Existenz, Ihren Arbeitsplatz und Ihre finanziellen Mittel. Oder Sie sorgen sich um Ihre Gesundheit und die Nachrichten im Fernsehen jagen Ihnen Angst ein, weil Sie Ihren sicheren Lebensraum bedroht sehen. Was immer es auch ist, je mehr Sie davon im Kopf haben, desto schlimmer wird es.

Ihr Kopf dreht sich nur noch um die Sorgen

Ständiges Grübeln verhindert nachhaltig einen glücklichen Zustand. Es kann zu keiner Lösung kommen, selbst konstruktive Gedanken bleiben auf der Strecke. Die Besorgnis führt dazu, dass die negativen Gedanken den Problempunkt unaufhörlich umkreisen. Der Kopf ist voller sorgenvoller Gedanken und findet keinen Ausweg mehr. Wie Sie sich denken können, führt das geradewegs in eine Erschöpfung und Müdigkeit. Sie fühlen sich dann wie benebelt, die Gedächtnisleistung wird schwächer und das Sichtfeld zunehmend trüber. Die Gedanken im Kopf fahren geradezu Karussell und lassen Sie auch nachts nicht zur Ruhe kommen. Denn auch abends im Bett vor dem Einschlafen halten die Sorgen Sie auf Trab und blenden in Form von Bildern desaströse Situationen ein.

Ein solches Kopfkino macht Sie auf Dauer fix und foxi und auch für die Menschen in Ihrem Umfeld sind Sie mit der Zeit ein freudloser Spielverderber. Probleme lassen sich definitiv nicht durch Besorgnis lösen, ganz im Gegenteil: Sie werden dadurch erst festgehalten. Wenn wir viel Zeit mit unseren Sorgen verbringen, haben wir Schwierigkeiten, uns den Herausforderungen des Lebens zu stellen. Wir verharren auf der Stelle, werden bewegungsunfähig und treffen keine Entscheidung. Mutlosigkeit und Resignation können die Folge sein. Durch den stark beanspruchten Kopf kann es zu Kopfschmerzen, Schwindel und Durchblutungsstörungen kommen. Die Handlungsunfähigkeit könnte sich in lädierten Gelenken, Knie- und Fußproblemen ausdrücken. Wir wissen sozusagen nicht, wie es weitergehen soll. Also sucht der Körper eine Möglichkeit, unbeweglich zu bleiben und eine finale Entscheidung aufzuschieben. Der Kopf ist randvoll mit besorgten Gedanken, die negative Bilder entstehen lassen. Die wiederum sorgen für negative Emotionen und lassen uns einen pessimistischen Blick auf die Realität werfen. Schließlich entwerfen unsere Gedanken unsere Realität. Wir sehen dann vieles grau und schwarz und malen uns auch die Zukunft nicht rosig aus. Das Festsitzen solcher negativer Emotionen kann auch zur Eindickung der Körperflüssigkeiten und somit zu verschiedenen gesundheitlichen Störungen führen, insbesondere zu Verdauungsstörungen. Wir können den »Gedankenmüll« dann einfach nicht mehr verdauen und verkraften.

Übertriebene Fürsorge

Es gibt Menschen, die können sich nicht gut von anderen Menschen abgrenzen. Selbst, wenn es Zeit ist loszulassen, halten sie immer noch an ihnen fest und klammern, weil ihnen das Empfinden der Besorgnis ein Gefühl von Verbundenheit gibt. Sie leben in ihrer Selbstwahrnehmung vor allem, um für andere sorgend da zu sein. Diese übertriebene Art der Fürsorge findet sich häufig bei Müttern und kann, wie die Wissenschaft mittlerweile konsequent untersucht, beträchtliche gesundheitliche Folgen haben. Natürlich ist es auch für den Nachwuchs keine ideale Situation, denn eine übertriebene Fürsorge und neurotische Beschützerinstinkte können mehr schaden als helfen. Doch für den sorgenden Akteur kann es besonders kritisch sein, einige Mediziner sprechen sogar von einer »Krebspersönlichkeit«. Hier teilen sich die erhitzten Gemüter tatsächlich in zwei Lager. Während es für die einen absolut logisch erscheint, dass psychische Faktoren und Stress die Krebsentwicklung beeinflussen, halten die anderen es für reinen Humbug und gefährliche Täuschung.

Gibt es einen Zusammenhang mit Krebs?

Die Ärzte, die einen kausalen Zusammenhang zwischen der Psyche und einem Tumor sehen, glauben, dass Kummer, Ärger und Depression Ursachen für deren Entstehung sein können. Folgerichtig nehmen sie dann an, dass die Veränderung einer stressgeladenen Situation einen Heilungsprozess positiv unterstützen kann. Wobei natürlich die Ängste und Sorgen, die mit einer Krebsdiagnose einhergehen, noch zusätzlich auf die ohnehin vorhandene düstere Stimmung wirken können. Das ist auch ein Grund für die Psychoonkologie, die Patienten stärkend begleiten soll. Es ist tatsächlich anzunehmen, dass psychische Stressfaktoren auf jeden Fall eine Zellanomalie befeuern und dadurch eine negative Entwicklung beeinflussen.

Wie sich in Studien herausgestellt hat, haben die meisten Menschen in den Monaten und Jahren vor der Krebsdiagnose eine stressreiche Lebensphase durchlebt. Viele sind mit einem seelischen Konflikt konfrontiert, bei dem sie keinen Ausweg mehr sehen und ein Gefühl der Ohnmacht empfinden. Sie wissen nicht mehr, wie es weitergehen soll. Sehen keine Lösung für ihre Probleme. Fühlen sich gelähmt und entmutigt. Manchmal so entmutigt, dass sie innerlich aufgeben und wünschen, die Entscheidung würde ihnen durch eine höhere Macht abgenommen werden.

Doch was genau ist eine Krebspersönlichkeit? Der Neurologe und Psychiater David Servan-Schreiber, der leider selbst den Kampf gegen den Krebs verloren hat, berichtet in seinem »Anti-Krebs-Buch« von einer sogenannten Typ-C-Persönlichkeit. Das sind Menschen, die sich als Kinder nicht willkommen und nicht geliebt gefühlt haben. Es spielt dabei keine Rolle, ob ihre Annahme der Realität entspricht, sondern vielmehr, dass der empfundene mangelhafte Zuspruch sie verwundbar werden ließ. Später als Erwachsene wollen sie kein Risiko eingehen und sich absolut sicher sein mit ihrem Gefühl, von anderen Menschen geliebt zu werden. Sie wollen es den anderen recht machen, sind nett und hilfsbereit, gehen Konflikten größtenteils aus dem Weg und machen gute Miene zum bösen Spiel. Sie sperren ihre Empfindungen und eigenen Bedürfnisse weg und richten ihr Leben nach den

Bedürfnissen und Befindlichkeiten anderer Menschen, meist anderer Familienmitglieder, aus. Ihre gesamte Konzentration richtet sich dann zum Beispiel auf ihre Kinder und wenn hier irgendetwas aus dem Lot gerät oder diese Aufgabe an Bedeutung verliert, dann können alte Traumata wieder an die Oberfläche kommen.

Wissenschaftlich gesehen kann diese These nicht gehalten werden, doch in der Praxis sind gerade das Gefühl von Ohnmacht und ein Wiederaufbrechen alter Wunden einer Zellveränderung vorausgegangen. Es kann eine gewaltige Rolle spielen, ob ein Mensch in einer stressreichen Situation Hilflosigkeit empfindet oder das Gefühl, die Situation kontrollieren zu können. Wenn die Gefühle von Ohnmacht und Verzweiflung den Krebs nähren, dann können Sie davon ausgehen, dass mentale Stärke und Gelassenheit sein Wachstum bremsen. Auch hier gilt eine gesunde Lebensführung mit positiven Bildern, Meditation, Ruhe und richtigem Atmen als zielführend, um diese Krankheit zum Rückzug zu bewegen.

Traurigkeit

Traurig sein ist, als blute einem das Herz. Es gibt Menschen, die reagieren mehr mit Wut und Ärger auf verletzende Worte und Erfahrungen, und andere sind bedrückt und traurig. Traurig sind Menschen auch, wenn ihnen das Herz gebrochen wurde. Wenn wir einen Menschen, den wir geliebt haben, gehen lassen, gleichgültig ob durch einen Abschied, eine Trennung oder den Tod, dann fühlen wir uns traurig. Wenn wir eine Liebe loslassen, und mit Liebe meine ich hier alles, was wir in Liebe gefühlt und getan haben, dann sind wir traurig.

Einen geliebten Menschen durch den Tod zu verlieren, ist eine außergewöhnlich starke Emotion von Traurigkeit. Die Trauer ist das mächtigste Gefühl, das uns den Boden unter den Füßen wegziehen und unser Immunsystem enorm schwächen kann. Wenn ein Mensch trauert, ist es häufig in seinen matten Augen und in seinem wie abgestorben wirkenden Blick ablesbar. Meistens verändern sich auch die Gesichtszüge, die Wangen sehen eingefallener und die Haut fahler aus. Die

Fröhlichkeit und die Leichtigkeit haben diesen Menschen verlassen. Das Leuchten ist aus seinen Augen verschwunden. Manchmal kann Trauer einen Menschen richtig krank machen, besonders, wenn er es nicht geschafft hat, seinen Gefühlen Ausdruck zu verleihen. Die tiefe Traurigkeit bleibt im Inneren gefangen und der eigene Lebenswille scheint zu schwinden. Manchmal sterben Menschen sogar wenige Zeit später, nachdem sie einen lieben Menschen verloren haben.

Wir brauchen auf jeden Fall Zeit und eine menschlich warme Umgebung, um mit den verletzenden Situationen in unserem Leben umzugehen. Oft ist kein aktueller Anlass nötig, sondern es sind eigene Erinnerungen, die das Gefühl von Traurigkeit wieder neu beleben. Im Coaching erlebe ich öfter, dass Menschen mir eine Geschichte aus ihrem Leben erzählen und dabei intensiv die Gefühle von damals noch einmal erleben. Vielleicht kennen Sie das auch? Sie hören eine bestimmte Musik, schauen sich Fotos an oder haben eine zufällige Begegnung, die wie ein Zünder wirkt und alte Erinnerungen aktiviert.

Meine Oma ist 1918 geboren, ist also zum Zeitpunkt, zu dem ich dieses Buch schreibe, fast 100 Jahre alt. Sie lebt seit 60 Jahren in ihrer Wohnung in Aachen, wo alles noch immer so aussieht, wie es schon immer ausgesehen hat. Natürlich gibt es mittlerweile warmes Wasser. Und der Fernseher und die Waschmaschine sind auch ausgetauscht worden. Sogar ein neues Telefon, das dem alten ähnlich ist, hat nach Jahrzehnten endlich Einzug gehalten. Am liebsten hat sie es aber, wenn alles so bleibt, wie es ist. Sie liebt es, sich an früher zu erinnern. Denn irgendwie war früher alles besser, obwohl gerade diese Generation so wenig hatte und so viel Leid erleben musste. Mein Opa, besser gesagt der zweite Mann meiner Oma, ist vor 35 Jahren gestorben. Seine Hemden und Anzüge hat sie in seinem Schrank hängen gelassen. Ein Bild von ihm und seine Uhr liegen immer noch auf ihrem Nachttisch. Ihr erster Mann, mein richtiger Opa, ist im Krieg gefallen. Wenn Sie von dem letzten Mal erzählt, als sie ihn am Bahnhof verabschiedete, füllen sich ihre Augen mit Tränen. Sie stand auf dem Bahnhof mit zwei kleinen Kindern und schloss ihn herzlich und fest in ihre Arme, fast so, als wüsste sie intuitiv, dass er niemals wiederkehren würde. Ihr zweiter Mann, mit dem sie Jahrzehnte verbracht hatte, ist auch viel zu jung und viel zu früh gestorben. Er hat sein Leben bei der Rettung eines anderen Menschen gelassen. Eine tragische Geschichte, und wenn meine Oma von ihm erzählt, dann wird sie auch sehr traurig und muss weinen. Doch die Trauer und die Traurigkeit haben nicht ihr liebes und kämpferisches Wesen verändern können. Sie ist eine starke Frau und sie versteht es ebenso, sich an die fröhlichen und wärmenden Episoden aus ihrem Leben zu erinnern. Genauso wie sie weinen kann, so kann sie auch von Herzen lachen, über die immer wieder gleichen Geschichten, die schon hunderte von Malen erzählt worden sind. Sie sagt, wenn sie ein Buch über ihr Leben schreiben würde, dann wäre es eine Liebesgeschichte.

Wir können nichts dagegen unternehmen, wenn das Schicksal zuschlägt und uns wie ein Pfeil mitten ins Herz trifft. Doch worauf wir Einfluss nehmen können, ist, welche Menschen in unserem näheren Umfeld sind. Wenn Sie sich gut fühlen und gut aussehen wollen, dann sorgen Sie dafür, dass es niemanden in Ihrer Nähe gibt, der Sie häufig verletzt und traurig stimmt. Das Elend eines anderen sollten Sie nicht fortlaufend zu Ihrem eigenen machen. Sie wissen doch, dass Sie die beste Unterstützung bieten können, wenn Sie selbst stark und widerstandsfähig sind.

Was nachhaltig hilft und ritualisiert werden sollte, um der Traurigkeit zu begegnen, ist das bewusste Erinnern an schöne, intensive Momente und eine aufrichtige Dankbarkeit für alle Geschenke des Lebens. Was den Tod angeht, habe ich auch keine perfekte Lösung. Vielleicht hilft der Gedanke, dass es irgendwie danach weitergeht, alles noch schöner wird. Ich kann mir vorstellen, dass der Glaube dabei hilft, mit dem Tod eines nahestehenden Menschen umzugehen.

Denken Sie auch daran, was Ihnen Freude macht

So furchtbar traurig Ereignisse auch sein mögen, traurig zu sein ist ein gutes Zeichen für eine menschliche Regung und für Gefühlsreichtum. Würden wir es uns verbieten oder es abtrainieren, dann gäbe es viel mehr Leere und Abgestumpftheit und viel weniger Tiefe und Wahrheit. Das Gefühl einer anhaltenden Traurigkeit führt sicher geradewegs in eine Depression, deswegen hilft es außerordentlich, Momente der Lebensfreude zu finden, zu genießen und im Herzen zu bewahren.

Das Ritual der Dankbarkeit ist nicht nur ein Prinzip aus der christlichen Religion, sondern auch eine effektive Technik aus der Positiven Psychologie. Seit Ende der 1990er-Jahre forschen Wissenschaftler an den Eliteuniversitäten, was Menschen stärkt und glücklich macht. Sein Gehirn gezielt und regelmäßig auf die bewusste Suche nach Stärken, Erfolgen und positiven Erinnerungen zu schicken, ist schlichtweg eine brillante Idee bei der Erschaffung eines guten Gefühls. Was ist uns im Leben gelungen? Über welche Gegebenheiten und Umstände freuen wir uns? Wie gestalten sich die Beziehungen zu lieben Menschen in unserem Umfeld? Was fällt uns zu, ohne viel Anstrengung? Was ist geglückt, und wofür können wir dankbar sein? Gefühle der Dankbarkeit erfüllen unser Herz mit Demut und Wärme. Sie geben uns und unserem Leben eine Bedeutung. Indem wir sie uns bewusst machen, befreien wir uns von der Last, unsere Defizite zu betrachten und unzufrieden auf die Dinge zu schauen, die wir nicht haben.

Das permanente Vergleichen mit anderen, Perfektionismus und Neid sind keine guten Begleiter auf unserem Weg, ein glückliches Leben zu führen, das uns ein Strahlen ins Gesicht zaubert. Manche Menschen brauchen sogar den Vergleich mit den Armen und von Leid gebeutelten Menschen, um sich ihr eigenes freudiges Schicksal vor Augen zu führen. Machen Sie sich täglich bewusst, was Sie erreicht haben. Finden Sie in jedem Tag kleine Sequenzen, für die Sie dankbar sein können.

Auf goldenen Wegen

Lillian P. Bridges nennt es den goldenen Pfad. Wenn wir den goldenen Pfad betreten, dann haben wir unsere Bestimmung im Leben gefunden. Wir haben unser Everest-Ziel, unsere Mission oder unseren spirituellen Weg entdeckt. Es sind nicht die üblichen Ziele, wie eine tolle Karriere, der richtige Partner oder mehr Geld. Es ist vielmehr der Grund, aus dem wir überhaupt da sind. Welchen individuellen Sinn unser Leben hat. Welche Spuren wir hinterlassen und welche Erfüllung wir bei dem, was wir tun, empfinden.

Ich weiß nicht, wie es Ihnen ergangen ist, doch mich beschäftigt diese Frage schon mein ganzes Leben, zumindest die Zeit, die ich in der Lage bin, meinen Gedanken nachzuhängen und meine Gefühle zu reflektieren. Besonders aufregend war es in der Jugend, mit all ihren drängenden Warums. Es ist von großer Wichtigkeit, sich neben den üblichen Fragen – Was mache ich und wie mache ich es? – die Frage zu stellen: Warum mache ich es? In der internationalen Glücksforschung weiß man um die Bedeutsamkeit zwischenmenschlicher Beziehungen und einer sinnstiftenden Lebensaufgabe.

Wenn Sie mein erstes Buch gelesen haben, dann wissen Sie, dass ein erster Schritt in die richtige Richtung die Auseinandersetzung mit uns selbst ist. Sich selbst besser kennenzulernen und genau zu spüren, was man liebt, was einem guttut und was man will, sind wichtige Voraussetzungen. Wer bin ich? Wo will ich hin? Und warum bin ich hier?

Was das Gesicht über den goldenen Weg sagt

Im Face-Reading finden sich senkrechte Linien, die sich vom Nasenflügel bis zum Mund hinunterziehen. Diese in unserem Sprachraum als Nasolabialfalten bekannten Linien kennzeichnen eine gesunde Haltung zu sich selbst, ohne viele Blockaden aus der Vergangenheit, vorausgesetzt, sie sind nicht zu tief und setzen nicht zu weit oben an. Sie stehen für ein Wissen um die eigene Existenz und eine Zielgerichtetheit. Das gilt übrigens für die Gesichtsdiagnostik der Chinesischen Lehre. In anderen Kulturen und Lehren können insbesondere diese Falten auch anders interpretiert werden.

Wenn wir in der Lage sind, sämtliche Rollen und Masken, die wir im Laufe unseres Lebens gespielt und getragen haben, abzustreifen und den Weg für das Wesentliche frei zu machen, dann werden wir strahlen. Es ist diese Ausstrahlung, die tief aus dem Innersten unserer Seele kommt und mit Wohlbefinden und wahrer Schönheit einhergeht. Wenn Sie Ihre Bestimmung gefunden haben und auf dem goldenen Pfad unterwegs sind, dann wird sich diese Transformation, diese ethische Schönheit in Ihrem Gesicht zeigen. Ein solches übergeordnetes Ziel ist mit Werten verbunden und häufig mit der inneren Haltung, anderen Menschen und der Welt etwas zurückzugeben. Die Linien im Gesicht können einen Hinweis geben, dass Sie schon etwas für sich gefunden haben. Finden sich an dieser Stelle keine Linien in Ihrem Gesicht, heißt das nicht automatisch, dass Sie keine Ziele haben. Es kann vielmehr als Impuls gedeutet werden, noch einmal genauer zu schauen, ob das, was Sie derzeit machen, wirklich genau das ist, was Sie wollen und was für Sie vorbestimmt ist. Vielleicht sind Sie auf einem richtigen Weg und es bedarf lediglich einer winzigen Korrektur, um diesen Weg für Sie zu einem goldenen zu machen.

MEIN GESUNDHEITS- & SCHÖNHEITS-PROGRAMM*

WAS *Sie* TUN KÖNNEN

*

Mentales Anti-Aging oder Rejuvenation

Sie haben in den vorausgegangenen Kapiteln jede Menge Informationen über die Kraft positiver Gedanken und Gefühle erhalten. Und wenn es um das Alter geht, dann spielen Ihre Haltung, Ihre Meinungen und Ihr Umfeld eine wesentliche Rolle. Sie entscheiden nicht nur darüber, ob Sie sich alt fühlen, sondern ob und wie Sie altern. Die richtigen Gedanken können Sie jünger und frischer wirken lassen als jede Faltencreme oder Botoxinjektion. Natürlich können Sport und lustvolle Bewegung sowie die richtige Ernährung Ihr Verjüngungsprogramm sinnvoll unterstützen, man spricht auch von Rejuvenation. Doch lassen Sie uns einmal schauen, was Sie rein kopfmäßig für sich tun können.

Eigenverantwortlichkeit hält fit

Ich möchte Ihnen an dieser Stelle gern die Studienergebnisse der amerikanischen Professorin für Psychologie an der Harvard University Ellen Jane Langer vorstellen. 1976 untersuchte Langer zusammen mit ihrer Kollegin Judith Rodin, inwieweit sich Entscheidungsfreiheit und Eigenverantwortlichkeit auf das Wohlbefinden von Altenheimbewohnern auswirkt. Die Senioren wurden in zwei Gruppen eingeteilt. Die eine Gruppe erhielt die Befugnis, gewisse organisatorische Entscheidungen zu treffen. Die Mitglieder durften zum Beispiel festlegen, wo sie ihren Besuch empfangen wollten – im Zimmer, im Gemeinschaftssaal, im Speiseraum oder draußen. Wenn in der Woche ein Film angeboten wurde, konnten sie eine Entscheidung treffen, wann und ob sie diesen sehen wollten. Darüber hinaus stellte man ihnen eine Pflanze ins Zimmer, für die sie irgendwo dort ein geeignetes Plätzchen finden sollten, vielleicht auf der Fensterbank oder auf dem Tisch. Sie sollten selbst entscheiden, ob ausreichend Licht vorhanden war und wie oft sie die Zimmerpflanze gießen wollten. Die andere Gruppe bekam zwar auch eine Pflanze, man sagte ihnen jedoch, dass das Personal sich um deren Pflege kümmern werde. Überhaupt nahm man ihnen jede Entscheidung ab und verwies immer wieder auf das Pflegepersonal, das sich um sämtliche Belange kümmern werde. Sie konnten also die gesamte Verantwortung abgeben und sich auf die Arrangements des Pflegepersonals verlassen.

Einige Wochen vor und nach dieser Testreihe wurden verschiedene Interviews und Messungen durchgeführt. Dazu kamen die eigenen Einschätzungen der Heimbewohner und die Bewertungen durch das Pflegepersonal. Das Verhalten, zum Beispiel die Teilnahme an Gruppenaktivitäten und auch der Gemütszustand, waren bei den Mitgliedern der aktiven, eigenverantwortlichen Gruppe deutlich verbessert. Achtzehn Monate später wurden erneut Messungen durchgeführt, die selbstbestimmte Gruppe Senioren war weiterhin lebenslustiger, aktiver und umgänglicher. Als Langer und Rodin die Krankenblätter verglichen, stellten sie fest, dass auch die Gesundheit sich verbessert hatte, während die Kontrollgruppe einen schlechteren Gesundheitszustand aufwies. Und nicht nur das, sondern die Sterblichkeitsrate war doppelt so hoch bei der Gruppe, die keine Verantwortung für ihr Verhalten übernahm und sich passiv durch das Personal bestimmen ließ.

Das Alter hat auch Vorteile

Achtsamkeit, Verantwortung und aktives Handeln machen gesund und verlängern das Leben. Wenn Sie also eine Haltung haben, die in erster Linie darauf aufgebaut ist, die negativen Begleiterscheinungen des Alters zu thematisieren, dann wird Ihnen wahrscheinlich genau das auch passieren. Wir können alle nichts gegen die biologische Gewissheit unternehmen, dass wir älter werden. Doch wir haben eine andere Macht: Wir können entscheiden, was wir über das Alter denken. Wenn Sie ab einem gewissen Alter denken, dass es jetzt nur noch bergab geht, dann werden Sie markante Zeichen entdecken, die Ihnen genau diese Überzeugung bestätigen. Altern ist nichts für Feiglinge! Je älter du wirst, desto schlechter fühlst du dich! Du wirst krank! Du verbringst deine Zeit im Krankenhaus! Du wirst dement! Senil! Unbeweglich! Verrückt! Ungenießbar! Einsam! Du wirst wieder wie ein Kind! Du kannst das Essen nicht mehr vertragen! Du kannst nicht mehr schlafen! Du hast keinen Sex mehr! Du hast keine Lebensfreude mehr! Keiner will mit dir zu tun haben! Du bist überflüssig in der Gesellschaft! Du verursachst nur noch Kosten! Du siehst schrecklich aus! Klein! Buckelig! Faltig! Du bist depressiv, inkontinent und anstrengend!

Es ist gar nicht notwendig, an dieser Stelle so weit ins fortgeschrittene Alter zu denken, denn auch in der Mitte, oder besser gesagt um die fünfzig Jahre, neigen viele Menschen, insbesondere Frauen, dazu, negative Denkmuster und Gefühle zu kultivieren. Frauen vor, in und nach den Wechseljahren halten sich für weniger attraktiv und haben eine negative Sicht auf all die positiven Dinge, die ihnen verloren gegangen sind, anstatt die Vorteile dieser Veränderung wahrzunehmen. Sie reden sich selbst ein, weniger sinnlich und lustvoll zu sein, und werden es auch. Sie ängstigen sich vor Gelenk- und Knochenproblemen und bekommen diese auch. Sie überzeugen sich nachhaltig davon, dass ihr Dasein als Frau keine Wichtigkeit mehr hat, und begeben sich freiwillig in die Opferposition. Es ist kein Wunder, dass bei einer solchen Einstellung die Mundwinkel immer weiter nach unten sinken und der Spaß mit dem Partner oft auf der Strecke bleibt. Die Menopause ist eine Veränderung, und es geht auch etwas zu Ende. Doch jedem Anfang wohnt, wie Hermann Hesse es schon sagte, ein Zauber inne. Also machen Sie es sich einfach: Akzeptieren Sie, was Sie nicht ändern können, und freuen Sie sich auf einen neuen Lebensabschnitt. Trainieren Sie Ihr Gehirn, die Vorteile zu sehen und positive Glaubenssätze zu formen. Trennen Sie sich ein für alle Mal von Überzeugungen, die so ähnlich lauten wie: Das hat noch niemand geschafft. Das haben alle. So ist es immer. Das ist normal. So ist der Lauf der Dinge. So ist das Leben.

Vergessen Sie nicht: Sie treffen die Entscheidungen!

Die Menschen in Ihrem unmittelbaren Umfeld tragen selbstverständlich zu Ihrer Haltung bei. Es sind die stillen und lautstarken Überlieferungen von Generationen, die uns ihre Wahrheit weismachen wollen und erklären, was möglich und was nicht möglich ist. Lassen Sie sich

Ihr eigenes Potential und Ihre Überzeugungen nicht nehmen von traditionellen und vererbten Gedankengut, das sich wie eine Schmierschicht in die Ritzen Ihrer Gehirnwindungen legen will.

Gut, das Leben kann wirklich hart und unbarmherzig sein, doch meist sind es die ganz »normalen« Hürden, die uns vor die Füße gestellt werden und über die wir springen müssen. Wir können natürlich auch am Boden liegen bleiben und jammern. Wer allerdings das Leben spüren will, der muss aufstehen und loslaufen. Die Alternative dazu bedeutet, seine Haltung zu verlieren und auf dem Boden zu kriechen.

Eine Frage der Einstellung

Wenn ich mich in der Altersklasse der über 70-Jährigen umschaue, die vielleicht nur noch wenige Lebensjahre vor sich haben, dann erkenne ich zwei unterschiedliche Lager. Es gibt die Jammerer und die Anklagenden, die meist über Krankheiten und Katastrophen, schlecht gemachte Politik und eine Gesellschaft in der Abwärtsspirale nachdenken und bevorzugt sprechen. Und es gibt die anderen, die zum Teil sogar schwere Erkrankungen durchgemacht haben und Schicksalsschläge bewältigen mussten. Die Erfahrung eines Verlustes hat sie stärker gemacht und ihnen die Kraft gegeben, das Leben in seiner Vielfalt und Fülle zu sehen.

Kürzlich traf ich Rosalie. Sie ist über siebzig und trainiert beherzt fast jeden Tag im Fitnessstudio. Sie trägt ein farbenfrohes Outfit und einen feschen Haarschnitt. Ihre Augen lachen und sie hat eine heitere, lebensbejahende Ausstrahlung. Sie freut sich über ihre Fortschritte beim Training, über eine gute Kondition und straffe Muskeln. Sie erzählt, dass ihr Enkel Mathe schreibt, die Kinder zum Essen kommen oder von dem Kompliment eines jungen Mannes aus dem Supermarkt. Ich frage sie, wie sie es schafft, immer so positiv zu sein. Sie erzählt mir, dass sie vor langer Zeit ihre 15-jährige Tochter durch einen Unfall verloren hat. Sie war damals am Boden zerstört und dachte, die tiefe Trauer nicht überleben zu können. Vergessen kann man nichts. Doch heute weiß sie das Leben noch mehr zu schätzen und regt sich nicht über Kleinigkeiten auf, zum Beispiel wenn irgendwas kaputtgeht. »Man kann schließlich alles ersetzen«, sagt sie, »nur das Leben nicht!« Sie ist einfach nur dankbar für das, was sie hat, für jeden Tag und eine gesunde Familie.

So geht es auch Leni. »Ich bin so dankbar, dass ich das in meinem Alter nochmal erleben darf«, sagt Leni zu mir am Telefon. Sie ist über achtzig Jahre alt und hat vor kurzem geheiratet. Zum dritten Mal. Einen Mann, der auch nicht mehr der Jüngste ist. Die beiden kannten sich von früher, doch ihr Leben hat sie nie als Paar zusammengeführt. Leni gehört zum größten Frauenverband, den es in Deutschland gibt, der KFD (Katholische Frauengemeinschaft Deutschland). Und weil sie nicht nur gläubig ist, sondern auch christlich erzogen wurde, gehört das Heiraten einfach dazu. Dann, für viele vielleicht an dieser Stelle nicht vorstellbar, stand ihr Herz noch einmal in Flammen. Und als es zum ersten Kuss kam, war beiden klar, dass Begehren und Sinnesfreuden im Alter nicht einfach vergehen. Sie wollten mehr, sich lieben und auf ewig zusammen sein. Und genau das haben die beiden auch gemacht. Sie haben ihre Familien informiert und sind vor den Traualtar gegangen. Ein mutiger und selbstbewusster Schritt.

Während ich mit Leni spreche, schaue ich auf ein Foto von ihr. Ich sehe den Schalk im Nacken und in ihren Augen ein keckes Blitzen. Sie schaut fröhlich und zufrieden aus. Ihre Stimme klingt jung und ihre Auffassungsgabe ist schnell. Sie ist aufgeschlossen, gesellschaftlich interessiert, aktiv und voll Lebenslust. »Es ist wunderbar, was uns nochmal geschenkt worden ist. Und wir versuchen beide, füreinander da zu sein und es uns schön zu machen. Der einzige Wermutstropfen ist die Gewissheit, dass wir nicht mehr so viel Zeit miteinander haben werden.« Eine solche Haltung ist realistisch und lässt positiven Gedanken und Gefühlen genügend Raum.

Mut und Begeisterungsfähigkeit – auch im hohen Alter – versprechen ein ausgefülltes Leben und inneren Reichtum. Und innerer Reichtum macht schön!

Für viele Menschen heißt alt werden automatisch krank werden. Wenn wir jedoch im Alter gesund sind, dann können wir einiges unternehmen und sogar einem Beruf oder einer Berufung nachgehen. Wenn unsere Gesundheit nicht mehr so mitspielt, wird es schwieriger und für viele freudloser. Und je älter wir werden, desto mehr Zeit müssen wir in gute Gesundheit investieren. Es gibt viele Beispiele von Menschen, die erst im Alter etwas Neues begonnen haben. Mag es eine Liebesbeziehung sein oder das Spielen eines Instruments, das Studieren an der Universität oder eine abenteuerliche Urlaubsreise. Wenn es gesundheitlich klappt, warum nicht? Wir können sogar Vorfreude entwickeln: endlich Zeit, eine gelassene Einstellung, viel Lebenserfahrung, kein selbstgemachter Druck und jede Menge Weisheit. Wenn Sie das glauben, besteht eine große Chance, dass Sie recht behalten werden.

Wenn Sie allerdings glauben, dass alte Menschen nur noch senil vor sich dahinvegetieren, an Realitäts- und Gedächtnisverlust leiden und eine Last für die Gesellschaft sind, dann wird es vielleicht genauso kommen. Es ist eine Art selbsterfüllende Prophezeiung.

> *Egal, ob du glaubst du schaffst es oder du schaffst es nicht, du wirst immer Recht behalten.*
>
> *Henry Ford*

Die Uhr zurückdrehen

Das bekannteste Experiment der Psychologin Langer ist das sogenannte Counterclockwise-Experiment (engl. counterclockwise = gegen den Uhrzeigersinn). Für dieses Experiment wurden Männer von über siebzig Jahren ausgewählt, die sich guter Gesundheit erfreuten. Die Männer wurden in Gruppen aufgeteilt und für lediglich fünf Tage in ein Heim auf dem Land geschickt. Vor dieser Aktion durchliefen sie verschiedene medizinische Tests und unmittelbar danach auch nochmal. Es wurden Körpergröße und Körperkraft, Seh- und Hörfähigkeit, Konzentrationsvermögen und Beweglichkeit gemessen. Es wurde auf die Haltung und auf den Gang geachtet, es wurde fotografiert und mit der Videokamera aufgezeichnet. Die Teilnehmer mussten Rätselaufgaben lösen, in denen Schnelligkeit und Genauigkeit geprüft wurden. Um Ihnen hier ein Beispiel zu geben: Die Männer haben sich einige Sekunden eine Strichzeichnung angesehen und sollten diese dann aus dem Gedächtnis möglichst detailgetreu nachzeichnen.

Die erste Gruppe der Männer sollten sich viel über die Vergangenheit unterhalten, während die zweite Gruppe so tun sollte, als ob sie tatsächlich in der Vergangenheit lebte. So, als würde die Uhr einfach um rund zwanzig Jahre zurückgestellt sein, auf Ende der 1950er-Jahre. Sie sollten in der Gegenwartform sprechen und ihr Umfeld samt sämtlichen Möbeln und Accessoires wurde entsprechend zeitverrückt eingerichtet. Schwarz-Weiß-Fernsehen, Nachrichten, Zeitungen, Musik und Radiomeldungen stammten aus der zwei Jahrzehnte zurückliegenden Zeit. Die Psychologen wollten ihre Grundannahme prüfen, dass die Probanden sich in der Tat genauso gut oder besser gesagt so jung wie damals im Jahr 1959 fühlen würden.

Als am Ende die Testergebnisse erneut geprüft wurden, stellte sich heraus, dass die Männer beider Gruppen Fortschritte gemacht hatten und ihr Wohlbefinden sich signifikant erhöht hatte. Sie hatten Appetit, einen guten Schlaf, waren insgesamt kräftiger, achtsamer und aktiver. Eine wirkliche Überraschung waren die Männer, die sich mit Haut und Haaren auf das Experiment eingelassen hatten und in der »zurückgestellten« Zeit lebten. Sie waren beweglicher, ihre Konzentrationsfähigkeit war deutlich erhöht, sie konnten besser sehen und hören und, jetzt halten Sie sich bitte fest, sie sind sogar gewachsen. Nein, natürlich wurde hier nicht der Biologie ein Schnippchen geschlagen und ein Wunder bewirkt. Diese Männer hatten Haltung angenommen und sich groß gemacht. Sie standen aufrecht mit stolzer Brust.

Die Macht guter Beziehungen

Wie Sie bisher erfahren haben, können giftige Beziehungen uns ernsthaft schaden. Sie lassen uns in negativen Emotionsschleifen verharren und machen auf Dauer krank.

Es ist jedoch ebenso eine Tatsache, dass gesunde Beziehungen unser Wohlbefinden nachhaltig stärken können und uns regelrecht zum Aufblühen bringen. Haben Sie schon einmal von dem Roseto-Effekt gehört? Es war in den 1950er-Jahren in Pennsylvania, als der Mediziner Stewart Wolf nach einem Vortrag mit einem Kollegen ins Gespräch kam. Dieser Kollege erzählte, dass er in einem kleinen Dorf namens Roseto praktiziere. Er berichtete von seiner unglaublichen Erfahrung, dass es in diesem Dorf keine diagnostizierten Herzerkrankungen bei Menschen unter 65 Jahren gebe. Kaum zu glauben für Stewart Wolf, denn gerade zu der Zeit waren Herzleiden eine reine Zivilisationskrankheit bei Männern zwischen 50 und 60 Jahren. Was war also der Grund dafür, dass in Roseto Herzprobleme und damit verbundene Todesfälle eine unbedeutende Rolle spielten?

Wolf machte sich auf, um genau diesem Geheimnis auf die Spur zu kommen. In dem kleinen Dorf studierte er die Totenscheine, sprach mit den Ärzten, Politikern und Menschen auf der Straße. Und in der Tat war die gesamte Sterberate um 35 Prozent niedriger als im amerikanischen Landesdurchschnitt. Es gab weniger Tote aufgrund von Herzerkrankungen, keine Selbstmorde, weniger Verbrechen, keine Alkohol- oder Drogentoten, weniger Magengeschwüre, kurzum alles war gesünder und besser als üblicherweise.

Ich will Ihnen verraten, was der Grund für dieses überdurchschnittliche Wohlbefinden und diese stabile Gesundheit war: Die Menschen in Roseto pflegten gute Beziehungen und lebten in Harmonie. Sie feierten zusammen, spielten zusammen, unterhielten sich angeregt auf der Straße und engagierten sich füreinander. Negative Emotionen wie Angst, Hass, Neid oder Missgunst hatten kaum eine Chance, an die Oberfläche zu kommen. Stattdessen wurden positive Emotionen kultiviert, wie Gemeinschaft, Liebe, Frieden, Hilfsbereitschaft, Vertrauen und Freude.

Wohltuende Gefühle

Gefühle, die unser Herz sanft umschmeicheln, tun uns gut. Wir fühlen uns dann satt, zufrieden und lebendig. Unser Gesicht wird voller aussehen, die Haut leuchtender und die Augen strahlender. Die gute Nachricht ist also: Menschen können zu unserem Glück beitragen. Die Schlechte: Sie können uns das Leben aber auch richtig schwer machen. Es ist allerdings keine Lösung, allen Menschen aus dem Weg zu gehen und sich nicht mehr auf allzu intensive Beziehungen einzulassen. Selbst, wenn diese Strategie im ersten Moment Sinn machte, um sich vor weiteren Verletzungen zu schützen, wögen die Nachteile aus dieser Isolation in der Regel höher.

Es ist also gut, einen Kreis der Familie und Freunde zu pflegen und harmonische Beziehungen aufzubauen. Es ist gut, mit Menschen beisammen zu sein, zu essen und zu trinken, zu spielen und zu diskutieren und sich einer Gemeinschaft anzuvertrauen. Und Liebesbeziehungen? Ja! Trauen Sie sich! Wir Menschen kommen nicht drum herum, selbst dann nicht, wenn der ein oder andere bereits wiederholt auf die Schnauze gefallen ist. Es ist ein Naturgesetz. Jeder von uns verspürt den Wunsch, sich mit einem anderen Menschen zu verbinden. Den Traurigen und Verbitterten schießt zwar gelegentlich eine gut zurechtgelegte Abwehr- und Ausweichstrategie ins Hirn, doch diese bringt nicht allzu viel, denn am Ende betuppt man sich nur selbst. Die Sehnsucht ist da, sie wird nur umständlich in Schach gehalten, aufkeimende Wünsche und Bedürfnisse einfach weggedrückt, um sich selbst davon zu überzeugen, dass man alleine besser dran ist.

Doch es gibt ja auch ein Dazwischen, zwischen Abstinenz und einem Sich-erbarmungslos-auf-die-Pelle-Rücken. Es ist wichtig, sich selbst treu zu bleiben. Jeder Mensch hat sehr eigene und individuelle Vorstellungen von Nähe und Distanz, Günstigstenfalls findet sich ein Partner, der die gleichen Vorlieben teilt.

Eines ist klar: Liebe, Freude und Erregung sind außerordentlich gesund und machen obendrein noch schön.

Liebe macht schön

Die Liebe ist eine starke Emotion, sie ist die Königin unter den positiven Gefühlen. Sie hat die Macht, einen Menschen aufblühen zu lassen. Auf der anderen Seite kann es außergewöhnlich schmerzhaft sein, eine Liebe zu verlieren. Doch einen Schutzpanzer zu tragen, der nicht nur schlechte Gefühle fernhält, sondern leider auch die guten, ist keine feine Lösung. Gern bringen wir die Liebe symbolisch gesehen mit unserem Herzen zusammen. Und wie Sie schon erfahren haben, gibt es einige Hinweise darauf, dass unser Herz auf jede Art von heftigen Gefühlen reagiert. Die moderne Quantenphysik lehrt uns, dass es elektromagnetische Felder gibt und alles mit allem und jeder mit jedem verbunden ist.

Die Herzintelligenz

Wissenschaftler am HeartMath Institute in Kalifornien haben herausgefunden, dass das Herz ähnlich wie unser Gehirn über eine Intelligenz verfügt. Rund 40.000 Neuronen soll unser Zentrum für Weisheit, Liebe und Gefühl haben. Bewusstsein ist nicht nur die Aufgabe des Gehirns. Damit es echt und wirksam ist, müssen Gehirn und Herz kooperieren. Herzintelligenz nennt man das.

Man sieht nur mit dem Herzen gut.
Das Wesentliche ist für die Augen unsichtbar.

Antoine de Saint-Exupéry

Das Herz hat ein großes elektromagnetisches Feld, viel größer als das des Gehirns. Es sind Ausstrahlungen gemessen worden von bis zu drei Metern. Stellen Sie sich das mal vor. Ein Magnetfeld um Sie herum, das die Nervensysteme anderer Menschen beeinflussen kann. Das kann man fühlen, das schafft Verbundenheit. Es gibt da diese wunderbare Geschichte des Zwillingspärchens, der beiden Mädchen Kyrie und Brielle Jackson. Sie wurden am 17. Oktober 1995 in Massachusetts in den USA geboren. Allerdings viel zu früh und jedes nur ein knappes Kilogramm schwer. Jedes Frühchen wurde in einen separaten Inkubator gelegt, sie wissen schon, das sind diese Brutkästen, die ein Baby mit Sauerstoff und Nährstoffen versorgen. Während Kyrie sich gut erholte und jeden Tag etwas zunahm, hatten die Ärzte bei der kleinen Brielle keine großen Hoffnungen. Sie war klein und schwach, hatte Atemprobleme und sämtliche Messungen waren im negativen Bereich. Eines Abends fing Brielle an zu schreien und zu japsen, wurde blau im Gesicht und ihr Puls raste. Es war ein panischer Zustand, und man wusste nicht, was man tun sollte. Niemand konnte das Kind beruhigen und auch verschiedene medizinische Maßnahmen zeigten keinen Erfolg. Da hatte die Krankenschwester Gayle Kasparian eine Art Geistesblitz und entschied sich, etwas zu tun, was eigentlich in den USA verboten ist: Sie nahm die kleine Kyrie aus ihrem Inkubator und legte sie zu ihrer kleinen schwachen Schwester Brielle in den Brutkasten. Kyrie kuschelte sich fest an ihr Schwesterchen und legte den Arm um sie. Es dauerte nur wenige Sekunden und Brielle wurde ganz ruhig, ihr Herz schlug im normalen Takt und die Haut wurde wieder rosig. Das Unglaubliche war, dass der Gesundheitszustand der kleinen Brielle sich schlagartig stabilisierte. Die dramatisch tiefen Blutsauerstoffwerte stiegen, Puls und Herz glichen sich an, die Temperatur kletterte auf ein normales Niveau und das Atmen fiel dem kleinen Wurm auch leichter.

Wir können davon ausgehen, dass diese beiden kleinen Herzchen über ein energetisches Feld miteinander verbunden waren. Es war die Liebe, die beiden ein kräftig schlagendes Herz und eine gesunde Hautfarbe bescherte. Kyrie und Brielle sind übrigens jetzt erwachsene Frauen, über zwanzig Jahre alt und erfreuen sich guter Gesundheit.

Die Macht der Liebe

Die Macht der guten Gefühle und der Liebe gehören zu den Forschungsgebieten der Psychologin Barbara Lee Fredrickson. Sie ist Professorin an der Universität in North Carolina und eine der Hauptantreiberinnen der Positiven Psychologie, die das Kultivieren positiver Emotionen lehrt. Unter anderem berichtet sie von dem Vagusnerv, der die Hauptverbindungslinie zwischen Gehirn und Herz ist. Sie erinnern sich an die beschriebenen Stresssituationen und die Erhöhung der Herzfrequenz. Und genauso sorgt der Vagusnerv auch wieder für Beruhigung, im Zusammenspiel mit dem Neurotransmitter Oxytocin, welches auch als das Kuschelhormon bekannt ist. Dieser Nerv unterstützt also Ihre Wahrnehmung von Liebe und Verbundenheit. Er macht Sie sensibel für den Augenkontakt mit einem anderen Menschen, für seine Stimme und für eine flüchtige Berührung. Alles, was hilft, um uns mit einem Menschen zu synchronisieren, uns ihm nah zu fühlen.

Liebe und Verbundenheit sind eine wahrhaft starke Komposition. Diese Gefühle sind eng miteinander verknüpft. Das Gefühl der Verbundenheit entwickeln wir bereits als kleine Wesen im Bauch unserer Mutter. Wir spüren ihren Herzschlag, wir hören ihre Stimme und sind über die Nabelschnur eng mit ihr verbunden. Wenn wir dann das Licht der Welt erblicken, dann ist das erst einmal gruselig für uns und wir lieben es auch gar nicht, allein irgendwo herumzuliegen. Deswegen schreien wir in der Regel wie die Weltmeister, in der Hoffnung, dass jemand kommt und uns fest in seine Arme schließt. Eine Mutter hat übrigens im Normalfall nach der Geburt jede Menge Oxytocin im Körper und somit das Bedürfnis zu kuscheln und ihrem Baby nah zu sein.

Verbundenheit entspannt

Es gibt einen interessanten Versuch von Pharmaforschern, die einen kleinen Affen in einen Käfig gesetzt und ihn einer bedrohlichen Situation ausgeliefert haben. Um den Käfig herum drehte ein aggressiv knurrender Hund seine Runden. Der kleine Affe war ängstlich, zitterte am ganzen Körper und war messbar in einer Stresssituation. Dann nahmen sie einen zweiten Affen, injizierten diesem ein Beruhigungsmittel und setzten ihn zu dem ersten Affen in den Käfig. Das Medikament wirkte, der zweite Affe gab sich absolut entspannt und störte sich nicht die Bohne an dem bedrohlich knurrenden Hund. Interessanterweise wurde jetzt auch der erste Affe ganz ruhig und entspannt. Beide Affen hatten nachweislich keinerlei Stressreaktionen. Und genau da liegt das Geheimnis. Die Forscher konnten die Affen auch ohne Medikamente zusammen in den Käfig setzen. Sie blieben zusammen ruhig, vorausgesetzt sie kannten sich bereits und stammten aus einer Kolonie. Das ist die Kraft der Verbundenheit. Wenn wir uns mit jemandem verbunden fühlen, dann schickt unser Hypothalamus das Bindungshormon Oxytocin auf den Weg. Das beruhigt unser Angstzentrum und wir können entspannen. Wir fühlen uns wohl und sämtliche körperliche Reaktionen sorgen dafür, dass sich dieses Wohlgefühl auch in unserem Aussehen spiegelt.

Die Entdeckung der Sinnlichkeit

Wenn wir gut aussehen und unser authentisches Selbst nach außen strahlt, dann spielen unsere Sinne und die Sinnlichkeit eine bedeutende Rolle. Sie haben sicher schon bemerkt, dass ich kein Freund von Zwang, Druck und Anpassung bin. Natürlich gibt es immer wieder Situationen, in denen wir genau das tun oder tun müssen. Wir zwingen uns zu etwas, wir machen uns Druck und wir passen uns an. Sehen Sie, Sie können das auf sämtliche Lebensbereiche beziehen: Wenn Sie Ihre Figur ein bisschen verändern wollen, dann kommen Sie schlichtweg an Sport oder einer Ernährungsumstellung nicht vorbei.

Und es spricht auch überhaupt nichts dagegen, mit Disziplin etwas für sich zu tun. Eine gesunde Lebensweise und ein sportliches Training sind wertvolle Begleiter auf Ihrem Weg zur Wunschfigur und zu einem attraktiven Erscheinungsbild. Sie helfen Ihnen dabei, die für Sie bestmögliche Ausgabe Ihrer selbst zu erlangen.

Wenn Sie etwas verändern wollen,
dann müssen Sie etwas verändern.

Also nicht quatschen, sondern tun. Ins Handeln kommen. Prüfen Sie genau, ob Ihnen selbst diese Veränderung wichtig ist oder Sie sich durch die Außenwelt manipulieren lassen, ohne auf Ihr authentisches Selbst zu blicken. Das einzige Kontraproduktive an der Sache ist, dass Sie in einen zwanghaften Selbstoptimierungswahn geraten könnten, der Sie angestrengt, verbissen und dauerhaft unzufrieden wirken lässt. Sie können das an sich selbst feststellen, wenn Sie bemerken, dass Ihnen die Lust abhandengekommen ist. Die Lust auf ein leckeres Essen, die Lust, faul auf dem Sofa herumzulümmeln und die Lust auf Zärtlichkeit und Sex. Sie können es auch an Ihrer fehlenden Geduld, anderen Menschen interessiert zuzuhören, entdecken. Oder an Ihrem ständigen Nörgeln über das Wetter und einer deutlich herabgesetzten Quote von Lachern und Freudensprüngen.

Lachen Sie sich herrlich schlapp!

Wussten Sie, dass wir heute alle viel weniger lachen als noch vor dreißig Jahren? Und wussten Sie, dass Kinder fünfmal soviel lachen wie wir Erwachsene? Kennen Sie den Ausspruch »Sich vor Lachen in die Hosen machen«? Wann haben Sie sich das letzte Mal so richtig in die Hosen gemacht? Es gibt diese wunderbaren Situationen, wo etwas so lustig ist, dass wir uns gar nicht mehr einkriegen können vor Lachen. Wir verlieren dann die gesamte Kontrolle über unser Aussehen, verziehen das Gesicht in die merkwürdigsten Grimassen und geben unter Tränen die eigentümlichsten Laute von uns. Wir krümmen unseren Körper, rollen uns ein und werfen uns in die Ecke. Wir japsen, schreien, pfeifen und bellen. Wir lachen uns weg. Wir lachen uns kaputt. Wir lachen uns einfach schlapp. Sicher haben Sie das schon erlebt, diese besondere Situation, in der wir uns selbst nicht mehr stoppen können. In der wir gar nicht mehr denken, sondern uns mehr unseren Impulsen und Sinnen hingeben.

Kleine Kinder, zumindest diejenigen, die eine normal behütete Kindheit erleben dürfen, sind ihren Sinnen und ihren Instinkten sehr nah. Sie schauen sich alles ganz genau an. Sie bemerken sofort den Regenwurm auf der Straße, finden ein altes Bügeleisen im Gebüsch oder entdecken ihr Weihnachtsgeschenk im Kleiderschrank der Eltern. Sie hören auch jedes Flüstern, können die Sirene des Polizeiautos nachjaulen und bemerken das Ticken von Opas alter Uhr, die in der Schublade versteckt liegt. Haben Sie Kinder schon mal beim Spielen beobachtet? Sie gehen mit ihren Händen auf Entdeckungsreise. Sie fassen alles an, beschnuppern es und erforschen es von allen Seiten. Sie lassen den Sand durch ihre Finger rinnen, sie plantschen im Wasser, sie schmieren sich mit Bolognese und Schokolade ein und sie streicheln so ziemlich alles, was vier Beine und ein Fell hat. Sie schmecken und probieren die Dinge auch. Sie lutschen, lecken und beißen ihr Eis und finden die bunte Auswahl mit den schönen Verzierungen aufregend.

Genießen Sie auch Alltägliches mit allen Sinnen

Viele Erwachsene haben dieses Erlebnis der inneren Aufregung, die ein bisschen im Bauch kitzelt und Lustgefühle bereitet, schlichtweg vergessen. Und genau das ist ein großer Fehler. Denn ein weiteres Schönheitsgeheimnis, welches ich an dieser Stelle lüften will, sind Achtsamkeit und Sinnlichkeit. Damit meine ich, dass Sie die Erlebnisse Ihres Alltags möglichst achtsam und mit allen Sinnen genießen können. Schenken Sie den Dingen positive Aufmerksamkeit. Schauen Sie sich um und schauen Sie genau hin. Lassen Sie Ihre Augen Schönes finden, verwöhnen Sie Ihre Ohren mit guter Musik, schenken Sie Ihrer Nase angenehme Gerüche und genießen Sie Berührungen.

Manche Menschen kommen mir wie getaktet vor, funktionstüchtig und selbstgehorsam. Sie wollen leisten, Erfolge verzeichnen, diszipliniert sein und bestenfalls sogar perfekt. Sie plagen sich auf dem Crosstrainer ab, ohne ein Lächeln im Gesicht, trinken literweise grünen Tee und knabbern Eiweißkekse, besuchen Trainings, um eine Marke zu werden und die Performance zu pushen, und posten in den sozialen Medien Ihre neusten Bilder von den hippesten Events weltweit.

Sie tun alles, um in der Außenwelt zu bestehen, und verlieren dabei ihre Genussfähigkeit, ihre Sinnlichkeit und ihre Lust.

Alles, was Sie genießen, ist auch gesund für Sie. Ob es ein leckeres Essen ist, ein Blick, eine Zärtlichkeit, ein Zusammensein oder Sport. Wenn Sie ein von Herzen gutes Gefühl damit verknüpfen, kann es nur gut für Sie sein.

Berührung stärkt uns

Verbundenheit und Berührungen sind dabei von besonderer Bedeutung. Sicher haben Sie schon gehört, dass Babys krank werden und sogar sterben können, wenn Sie nicht liebevoll berührt werden. Und Affenbabys ziehen sogar eine Berührung durch die Mutter einem leckeren Essen vor. Es ist ein menschliches Grundbedürfnis, berührt zu werden, und es fördert eine gute Entwicklung und stärkt das Immunsystem. So wie eine Blume Wasser braucht, um zu erblühen, brauchen sie liebevolle Berührungen, um zu wachsen und sich wohlzufühlen. Suchen Sie sich Menschen, mit denen Sie dieses Gefühl teilen können. In den Arm nehmen, küssen, streicheln, massieren, was auch immer, es ist gut, solange Sie sich wohlfühlen und es genießen können. Selbst intensive Phantasien von wohltuendem Körperkontakt und die gezielte Erinnerung an zärtliche Momente versetzen Ihren Körper in einen energiereichen Zustand. Stärken Sie Ihr Körperglück, indem Sie Ihre Kinder herzlich knuddeln, die Oma in den Arm nehmen, der Freundin eine Nackenmassage geben, erotische Momente mit Ihrem Partner leben oder beim Friseur eine Kopfmassage buchen. Was auch immer, denken Sie nicht so viel darüber nach, sondern tun Sie es einfach und genießen Sie es!

Massagen regen übrigens die Durchblutung an und senken den Cortisolspiegel. Das heißt, der Stress geht und die Entspannung kommt. Das ist der Moment, bei dem das Glückshormon Serotonin auch wieder eine Chance hat, Ihren Körper mit guten Gefühlen zu durchfluten. Wenn kein Partner in der Nähe ist und das Geld für einen Profi nicht reicht, dann habe ich einen interessanten Tipp für Sie, den ich selbst allerdings noch nicht ausprobiert habe. Beobachtet bei jungen Studentinnen, alle Singles und chronisch knapp bei Kasse, aber mit der Weisheit der Alten versehen. Um die verspannte Nacken- und Rückenmuskulatur zu lockern, wurde in gemütlicher Atmosphäre ein Sitzkreis gebildet, bei der jede der jungen Frauen gleichzeitig massiert hat und massiert wurde. Eine wirklich clevere Lösung: Die Massagekette.

Gute Gefühle: Das NO-High

Falls Sie zu den Menschen gehören, die fortlaufend kontrolliert, kalkuliert und optimiert sind, reicht es nicht aus, wenn ich an Ihre Lebendigkeit und Körperlichkeit appelliere. Sie brauchen dann wahrscheinlich einen Beweis, einen triftigen Grund und eine biochemische Erklärung. Und die möchte ich Ihnen gern geben. Die Wunderwaffe für Ihr Wohlbefinden und Ihre Schönheit heißt Stickstoffmonoxid. Wenn Sie in der Schule in Chemie aufgepasst haben, dann kennen Sie die Abkürzung: NO. Sie erinnern sich aus den vorangegangenen Kapiteln, dass negative Emotionen wie Angst, Kummer und Wut einen stressreichen Zustand bewirken, bei dem sich das Stickstoffmonoxid erschöpft. Hingegen erschaffen positive Emotionen wie Freude, Liebe und Mitgefühl einen energiereichen Zustand, in dem mehr Stickstoffmonoxid ausgeschüttet wird. Es ist also auch rein biochemisch betrachtet ein Anschlag auf Ihre Gesundheit und auf Ihr gutes Aussehen, wenn Sie an negativen Emotionen festhalten.

Nicht die negativen Emotionen sind schlecht, sondern die Folge, wenn Sie diese nicht loslassen können und diese in Ihrem Körper ein Zuhause finden.

Es ist das Stickstoffmonoxid, das uns ein Hochgefühl verschafft und uns in einen Flow-Zustand versetzt. Am sogenannten Runner's High, dem wunderbaren Trancezustand der Läufer, ist dieser Botenstoff mitbeteiligt. Er wird in den Zellen produziert und entspannt die Blutgefäße, was wiederum den Blutfluss anregt. Der Moment der Freisetzung kann nur wenige Sekunden andauern, aber ist ein beglückendes Gefühl und setzt eine positive Feedbackschleife in Gang. Weitere guttuende Neurotransmitter werden ausgeschüttet, sodass der Kreislauf insgesamt stabiler und das Immunsystem stärker wird. Der Körper wird belebt und erhält sozusagen eine Energiespritze.

Wenn Sie sich jetzt fragen, wie Sie an das Zeug rankommen, dann möchte ich Ihnen gern die Empfehlung der amerikanischen Ärztin Dr. Christiane Northrup weitergeben: Neben dem Verzehr von Gemüse und Obst mit einem hohen Vitamingehalt, Meditation und Sport im individuellen Sinne bewirken vor allem Lachen, ein Orgasmus und lustvolle Erlebnisse die Ausschüttung von Stickstoffmonoxid. Das ist Ihr Stichwort für mehr Wohlbefinden und besseres Aussehen: lustvolle Erlebnisse. Es gibt in unserem Leben viele Aufgaben, die einfach erledigt werden müssen. Es gibt zähe Lebensphasen, die wir manchmal einfach durchziehen müssen, um unsere Träume zu erfüllen. Jedes Ziel, das wir vor Augen haben und erreichen wollen, fordert auf der anderen Seite seinen Preis. Deswegen ist es auch so wichtig, freiwillige Unternehmungen und Freizeit freudig, lustvoll und sinnlich zu gestalten. Nehmen Sie gern Ihren Partner, Ihre Freunde und Ihr Umfeld genauer unter die Lupe und prüfen Sie auf Herz und Nieren, ob sie häufig lästigen oder langweiligen Verpflichtungen nachkommen, oder ob Sie fröhlich und freudig erregt den Moment genießen können.

Die Weisheit, im Moment zu sein

Was Ihnen gut dabei helfen kann, ist übrigens das, was Psychologen als Präsenz bezeichnen. Präsenz bedeutet, aufmerksam, konzentriert und fokussiert zu sein. Es kennt kein Gestern und kein Morgen. Es ist die Weisheit, im Moment zu sein. Die Fähigkeit, das Fühlen, Denken und Handeln in Einklang zu bringen. Wenn Sie beispielsweise eine schöne Situation mit einem Freund haben und Ihre Gedanken sind bei dem Streit in der letzten Woche oder der Waschmaschine, die noch ausgeräumt werden muss, dann sind Sie nicht präsent. Sie sind nicht achtsam im Moment und können Ihre Sinnlichkeit nicht ausleben. Wenn Sie im Hier und Jetzt sind, dann sind Sie gegenwärtig und präsent. Sammeln Sie also Ihre undisziplinierten Gedanken ein und schauen Sie auf das, was wesentlich ist. Die Fähigkeit, in dem Moment zu sein und ihn sinnlich zu erleben, verschafft Ihnen eine tolle Ausstrahlung und macht Sie glücklich. Denn es stärkt Ihr Selbstvertrauen und Ihr authentisches Sein.

Das merken übrigens auch die anderen, denn die Momente, in denen unsere Aufmerksamkeit, unsere Worte und unser körperlicher Ausdruck synchron sind, werden von der Außenwelt als charismatisch und selbstbewusst wahrgenommen. Es ist also durchaus eine gute Idee, nicht soviel darüber nachzudenken, wie Sie wirken und welche Worte Sie wählen. Verbinden Sie sich besser mit Ihrem Körper, denn er sagt Dinge, die Worte nicht ausdrücken können.

Storys für die Seele

Gehen Sie gelegentlich »back to the roots« und schwelgen Sie in den schönen Geschichten Ihrer Vergangenheit. Nostalgie ist eine Wunderwaffe, die uns von einem zum anderen Moment in einen herrlichen Zustand zurückverzaubern kann. Ich kann nicht oft genug wiederholen, dass schöne Gedanken angenehme Gefühle bewirken und diese wiederum für ein gutes Körpergefühl sowie ein frohlockendes Spiegelbild verantwortlich sind. Das ist auch der Grund dafür, dass im mentalen Training mit positiven Erinnerungen und Ankern gearbeitet wird.

Wenn Sie über das Wort »Nostalgie« im Internet recherchieren, dann werden Sie lesen, dass es sich um eine sehnsuchtsvolle Hinwendung zu vergangen Zeiten und Gegenständen handelt. Es ist auch von Wehmut und krankmachendem Heimweh die Rede. Sind es Erinnerungen, die idealisiert werden und uns fernab der Wirklichkeit mehr schaden als nutzen? Ich habe eine andere Meinung dazu und habe an mir selbst und mit meinen Klienten die Erfahrung gemacht, dass schöne nostalgische Momente eher ein therapeutisches Mittel sind, uns schnell in einen heilsamen Wohlfühlzustand zu katapultieren. Es kann depressive und traurige Stimmungen vertreiben und uns neue Kraft schenken, mehr Kreativität und Zuversicht. Es sind die guten alten Zeiten, die ein Gefühl von Geborgenheit, Freude und Zusammenhalt spiegeln können. Und es ist auch eine Möglichkeit, besonders in unserem schnellen und digitalisierten Alltag, eine Oase der Ruhe und des Müßiggangs zu finden. Durch die Magie der Erinnerung finden wir einen direkten Zugang zu unserem Herzen. Es tut also gut, sich an vergangene schöne Zeiten zu erinnern. Es stärkt unseren Organismus bis in die kleinste Zelle. Wir spüren das Leben, das Blut durch unsere Adern fließen und das Gefühl, die Welt umarmen zu können.

Wo sind Ihre magischen Momente der Vergangenheit?

»Das Leben ist wie eine Autofahrt ohne Tankanzeige und exaktes Navigationssystem. Wir wissen nicht, wie lange unser Motor noch läuft. Wo Staus, Umleitungen, rote Ampeln und Geisterfahrer lauern. Deswegen ist der Blick in den Rückspiegel manchmal hilfreich«, schreibt Daniel Rettig in seinem Buch »Die guten alten Zeiten. Warum Nostalgie uns glücklich macht«. Und genau so ist es: Schauen Sie bewusst in den Rückspiegel und schicken Sie Ihr Gehirn auf die Suche nach den magischen Momenten in Ihrer Vergangenheit. Kraftvolle Augenblicke, die Sie antreiben, beruhigen und glücklich machen. Wenn Sie zurückschauen, sind drei Dinge wichtig:

1. Betrachten Sie ausschließlich die Momente, die positive Emotionen freisetzen, und vermischen Sie diese nicht mit den negativen.
2. Fühlen Sie diese sinnlich nach, um das gute Gefühl von damals abzurufen und in ihm förmlich zu baden.
3. Trauern Sie nicht alten Gefühlen hinterher und zerfließen sie nicht in Selbstmitleid, sondern seien Sie dankbar für das Schöne, das Sie erleben durften.

Dieses Jahr zu meinem Geburtstag traf ich eine Entscheidung zugunsten eines nostalgischen Moments. Ich wollte meine Familie um mich versammeln und in trauter Runde die alten Dias schauen. Es sind die Dias meiner Eltern, die unsere Urlaube, die Kommunion und andere Feste aus den Siebzigern und Achtzigern zeigen. Sie liegen schon eine Weile heimatlos im Keller herum, weil der Projektor seit Jahren kaputt ist und der ganze Aufbau mit Leinwand und Projektortisch sich sehr umständlich gestaltet. Mein Vater kam spontan auf die Idee, die ganzen Fotos – wie man das heute so macht – zu digitalisieren, um sie dann später auf dem großen Fernsehbildschirm sehen zu können. Ich quatschte ein wenig auf ihn ein, verkündete ein klares Veto und hatte Erfolg damit, alles beim Alten zu belassen. Schließlich konnte auch schon die Schallplatte mit ihrem Charme so manche gewöhnliche CD aus dem Rennen kicken. Also habe ich mich auf den Weg gemacht und einen Projektor gekauft. Dieser musste natürlich bestellt werden, da die Nachfrage heutzutage ausgesprochen mager ist und Smartphones und Digitalkameras das Rennen machen. Meine Eltern und ich haben schon ein kurzes Probesehen gemacht, bevor die Familie mitsamt der 98-jährigen Oma anrückte. Es war so herrlich unperfekt, wie früher. Manche Bilder verkehrt herum, manche unscharf, andere einfach leer und dazwischen die Kommentare meiner Eltern. Genau wie vor zehn Jahren, vor zwanzig Jahren, vor dreißig Jahren. Ein Lachen, ein »Oh, nein!«, »Weißt du noch?« und ein wehmütiges »Ach, ja, obwohl wir nicht viel hatten, waren es doch schöne Zeiten.« Und jedes einzelne Bild ließ wieder weitere nostalgische Ausflüge zu. Die Erinnerung an die Spargelröllchen auf dem mit Abendbrot gedeckten Kommunionstisch, Knickebein-Stiefelchen und Kroatzbeere zu Weihnachten, die Autos der Siebziger mit ihren dünnen Reifen und daneben Papa und Opa mit Zigarette in der Hand, wir alle braun gebrutzelt mit Sonnenbrand am Strand von Benidorm in Spanien, und natürlich Mutti und Oma im Kittel und mit Lockenwicklern im Haar. Alles einfacher, alles weniger schick und meistens vor wild gemusterten Tapeten. Und jedes Dia versetzte uns in eine Erinnerung, die uns wieder als Familie stärkte und ein gutes Gefühl von Zusammenhalt, Wärme und Geborgenheit zurückließ.

Machen Sie eine Zeitreise

Früher war nicht alles besser und heute ist nicht alles schlechter. Doch Sie sind gut beraten, wenn Sie sich aus jeder Zeit die positiven Merkmale und herzlichen Empfindungen bewusst herausfiltern und Ihr Leben dadurch reicher machen. Geben Sie sich selbst die Chance, durch das liebevolle Kultivieren von Zeitreisen in die Vergangenheit, positive Emotionen wie Dankbarkeit, Zuversicht und Liebe zu spüren. Übrigens bieten sich alte Fotos gut an, um schöne Momente nochmals aufleben zu lassen. Denn meistens werden Fotos gemacht, wenn die Menschen fröhlich sind oder etwas zu feiern haben. Natürlich können Sie auch ein Ritual von früher wiederaufleben lassen, wie zum Beispiel »Mensch ärgere dich nicht« spielen, an einem Samstag ein Schaumbad nehmen mit Unmengen an Schaum, ein Negerkussbrötchen essen oder eine süße Tüte am Kiosk kaufen. Sie können Ihre alte Musik hören, Filme, Serien und Comics aus der Zeit schauen oder auch etwas ganz Gefährliches tun: in der prallen Sonne sitzen, ein über dem Feuer gegrilltes Würstchen essen und danach eine selbstgedrehte Zigarette rauchen.

Macht macht schön

»Wahre Schönheit kommt von innen« oder »beauty begins the moment you decide to be yourself« – das sind die beiden Leitsätze, die sich durch dieses Buch ziehen. Doch Sie haben bereits im ersten Kapitel erfahren, dass es manchmal einfach notwendig ist, im Außen eine Veränderung vorzunehmen, um im Inneren eine entsprechende Emotion zu bewirken. Wir haben einmal die Möglichkeit, erst etwas zu denken bzw. es uns unter Einsatz unserer fünf Sinne auszumalen, damit aus dem reinen Gedanken eine Emotion wird, die sich dann auch körperlich präsentiert. Und wir haben eine weitere Option, nämlich unseren Körper zu nutzen, um ein ganz bestimmtes Gefühl herzustellen, das uns dann sozusagen von uns selbst überzeugt.

Erinnern Sie sich noch an die Fußball-Europameisterschaft 2016? Portugal ist als Sieger hervorgegangen. Der Star der Portugiesen,

Christiano Ronaldo, wurde beim Endspiel gegen Frankreich nach 25 Minuten ausgewechselt. Bei einem Foul hatte er sich eine Knieverletzung zugezogen, die ein Weiterspielen für ihn unmöglich machte. Und das an so einem wichtigen Tag. Er wirkte tief betroffen, war den Tränen nahe, vielleicht ist die ein oder andere auch gekullert. Wenn Sie das Spiel gesehen haben, dann haben Sie sicher bemerkt, wie er später am Spielfeldrand, kurz vor Ende, auf und ab gehumpelt ist und lautstark seiner Mannschaft Feuer unter den Hintern gemacht hat. Und dann der Sieg und seine beeindruckende Freude über den gewonnenen Pokal! Ronaldo hat die Arme in die Luft gestreckt, sich groß und breit gemacht, seine nackte gestählte Brust gezeigt, seine Jungs umarmt, geboxt, geküsst und in ihren Haaren gewuschelt. Er hatte eine Dynamik und eine ausgeprägte Körperlichkeit, trotz seiner Knieverletzung, die ihn quer durch die Reihen hin zu jedem Einzelnen trug. Ohne den Blick in die Kamera oder in ein jubelndes Publikum zu verlieren. Es wirkte, als würde er springen oder geradezu in die Höhe wachsen, so groß war seine Präsenz an diesem Abend. Die Hände zum Himmel, mit weit aufgerissenem Mund seine Freude herausschreiend, den Pokal küssend, fast wie mit Gott selbst in Verbindung tretend.

Natürlich fühlt Ronaldo innerlich etwas, um diese Performance nach außen zu bringen. Doch wie gesagt funktioniert das Ganze auch umgekehrt, und es ist wissenschaftlich bewiesen, dass Sie sich gar nicht schlecht fühlen können, wenn Sie mit nach oben gezogenen Mundwinkeln in die Luft springen. Zumindest nicht in diesem Moment.

Ich habe in meinem letzten Buch »Gesundes Selbstbewusstsein, Stresskiller Nr. 1« schon einmal über das Powerposing der Sozialpsychologin Amy Cuddy berichtet. Sie hat in ihren Studien herausgefunden, dass Gewinnerposen und Machtposen den Stresshormonspiegel senken, während zeitgleich der Testosteronspiegel angehoben wird. Das schafft Selbstsicherheit und Durchsetzungskraft. Wie Sie wissen, ist es unserer Schönheit eher abträglich, wenn das Stresshormon Cortisol regelmäßig unseren Körper flutet. Deswegen lohnt es sich, das Gefühl der Macht nicht nur gedanklich zu verinnerlichen, sondern durch Körpereinsatz zu stimulieren. Durch Cuddy bin ich auf das YouTube-Video der All Blacks, einer Rugby-Mannschaft aus Neuseeland, aufmerksam geworden »The greatest haka ever«, das eindrucksvoll zeigt, wie Energie, Stärke und Kampfwille körperlich demonstriert werden. So lassen sich Kraft und Macht aufbauen. Es ist eine Art wilder, provokativer Tanz, bei dem die Männer mit grimmigen Gesicht breitbeinig mit den Füßen auf den Boden stampfen, sich auf Oberarme und Schenkel schlagen und eine Art Kampfschrei ablassen. So schüchtern sie ihre Gegner ein.

In Selbstverteidigungskursen wird auch das kraftvolle Schreien trainiert, das gerade Frauen oftmals so schwerfällt. Die Haltung und Körperbewegungen der All Blacks signalisieren Entschlossenheit, Mut, Siegeswille, Stärke und Unerschrockenheit. Alles Eigenschaften, die wir Frauen auch sehr gut gebrauchen können. Den Männern scheint es leichter zu fallen, wahrscheinlich haben es im Blut. Ich war einmal zu einer persischen Hochzeit eingeladen und es wurde im Kreise von hunderten Gästen pompös gefeiert. Während der klassische Bauchtanz und die Partnertänze mehr durch weiche Bewegungen und kreisende Hüften verkörpert werden, kann die Solo-Performance eines Mannes völlig anders wirken. Einer der geladenen Gäste tanzte im Anzug mit einem Schwert in der Hand um die Hochzeitstorte herum. Seine Bewegungen wirkten maskulin, energisch, kämpferisch und durchsetzungsstark.

Stärke demonstrieren macht sexy

Stark ist sexy. Und das gilt auch für Frauen. Sie können also gerne, vielleicht wenn Sie sich unbeobachtet fühlen, den beschriebenen traditionellen Maori-Tanz Haka aufs Parkett legen. Machen Sie sich groß, tragen Sie Ihr Haupt hoch, spannen Sie Ihre Armmuskeln an oder machen Sie eine Faust und schießen Sie mit den Füßen Wurzeln in den Boden. Und während Sie das tun, imaginieren Sie das Bild eines kraftvollen Raubtieres, einer Amazone, einer Herrscherin.

Bestimmt kennen Sie den Song »We Will Rock You« von Queen. Bei dieser Musik kommen Sie wahrscheinlich ganz automatisch in einen energiegeladenen Status. Ich erinnere mich, wie ich damals als

Jugendliche mit hundert Gleichaltrigen im abgedunkelten Clubraum eines Jugendzentrums mit »We will rock you« aus Tausend-Watt-Boxen beschallt wurde. Mit einer Miene, cooler als jeder andere, und mit geballter Faust habe ich damals eine Delle ins Universum geschlagen und mit dem Fuß fast ein Loch in den Boden gehämmert. Es war eine unglaublich verbindende Kraft und Energie im Raum. Wenn Sie das mal üben wollen, empfehle ich Ihnen auch gern das Musikvideo »We will rock you« für Pepsi Cola mit Britney Spears, Pink und Beyonce.

Bond, Superman, Wonderwoman, Herkules, Lara Croft, Tarzan, der Terminator oder die alten Westernhelden, sie alle stehen in aufrechter Haltung und beherrschen diese machtvollen Gesten.

Macht macht einfach attraktiv

Mächtig ist der, der sich mächtig fühlt. Und wenn Sie sich machtvoll fühlen, dann werden Sie es glaubwürdig nach außen bringen. Das gelegentliche Einnehmen von Powerposen kann insbesondere für Frauen ein Anfang sein, auf dem Weg, Ihrem Gehirn zu versichern, dass Sie sich in einer kraftvollen Position befinden.

Bewegen Sie sich voller Selbstliebe und Stolz. Damit meine ich nicht, selbstverliebt herumzustolzieren. Vielmehr geht es darum, mit Haltung, Stil und Anmut seine Wege zu machen. Ein Mensch, der sich machtlos fühlt und sich selbst nicht wertschätzt, macht sich auf jede erdenkliche Art und Weise körperlich klein. Zeigen Sie also, wer Sie sind. Vielleicht hilft es Ihnen am Anfang, Ihre Phantasie ein bisschen spielen zu lassen. Sie wissen schon, so wie es die Kinder machen. Sie könnten sich vorstellen, Sie sind eine Kriegerin, eine Göttin, eine Geheimagentin oder eine Diva, die anmutig über den roten Teppich schreitet.

Ohnmacht macht krank

Die Gefühle von Stolz, Macht und Sieg sind gute Gefühle und allesamt machbar. Und trotzdem gibt es eine unberechenbare Größe im Leben, etwas, was außerhalb unserer Kontrolle liegt und plötzlich von der einen auf die andere Sekunde unser Leben verändert. Wenn das Schicksal unbarmherzig zuschlägt und wir vollkommen den Boden unter den Füßen verlieren. Ein Unfall oder eine Erkrankung kann uns selbst oder einen geliebten Menschen aus dem Leben reißen.

Das ist auch meine Achillesferse, und ich weiß trotz meines Wissens und Erfahrungsschatzes nicht genau, wie ich mit einem solch betäubenden Schmerz umgehen würde. Ein Schlag von außen, der uns erstarren lässt und das tödliche Gefühl von Ohnmacht hervorbringen kann. In den vorangegangenen Kapiteln habe ich bereits dieses Gefühl erwähnt. Es ist im Gegensatz zur Macht eine Machtlosigkeit. Eine gefühlte Machtlosigkeit, die durch hängende Schultern, einen gesenkten Kopf und eine insgesamt gekrümmte Haltung deutlich wird. Es ist dieses Gefühl, das auch auftauchen kann, wenn wir uns als reines Objekt begreifen, das durch die Gesellschaft gesteuert und befeuert wird.

Seien Sie selbstsicher, dann haben Ohnmachtsgefühle keine Chance.

Ohnmacht fühlen wir auch, wenn wir unseren Selbstwert durch andere bestimmen lassen und von deren Anerkennung und Wertschätzung abhängig sind. Je selbstbewusster und authentischer wir sind und leben, desto weniger kann das Gefühl der Ohnmacht von uns Besitz ergreifen. Wir können zwar auf den Tod keinen aktiven Einfluss nehmen, aber wir können durch die Entwicklung unseres authentischen Selbst Stress vermeiden und damit positiv auf die Entwicklung von Krebszellen und anderen Krankheiten Einfluss nehmen. Nicht mehr und nicht weniger. Der Rest liegt nicht mehr in unserer Hand.

Die deutsche Fernsehmoderatorin und Autorin Miriam Pielhau hat mit 41 Jahren ihren seit einigen Jahren geführten Kampf gegen den Krebs verloren. Sie galt wenige Monate vor ihrem Tod als geheilt. In einer Talk-Show antwortete sie auf die Frage, ob sie sich gesund ernähre: »Ich habe vorher schon nicht ungesund gelebt, das war ja das Frustrierende. Das hat letztlich auch die Überzeugung genährt, dass bei mir, oder vielleicht auch bei der Krankheit generell, schon auch die Seele einen entscheidenden Anteil an der Erkrankung hatte. Tausend Frauen erleben Kummer jedwelcher Art, aber nicht tausend Frauen erleben Brustkrebs. So kann man es nicht übertragen. Aber offenkundig ist es jetzt bei mir das zweite Mal. Und es ist schon so, wenn ich auf mein Leben gucke, mögliche Auslöser, ohne da, Verzeihung, jetzt nicht so intensiv darauf einzugehen, mögliche Auslöser ausmachen kann und dann denke, dann ist das irgendwie mein Muster, dass mein Körper sich gegen sich selbst richtet. Das soll jetzt gar nicht esoterisch klingen, aber irgendwas ist da!«

Das Food-Geheimnis: Genießen Sie es!

Kürzlich plauderte ich mit der Schulsozialarbeiterin eines Berufskollegs und wir tauschten unsere Gedanken aus, rund um die Themen Stress, Entspannung und Genuss. Sie ist eine sehr selbstreflektierte Persönlichkeit mit einem hohen Interesse an psychologischen und philosophischen Zusammenhängen. »Und dann habe ich eine Wurst gegessen. Und die war so lecker, Frau Poller. Mhmmm, so lecker!« Sie lachte herzhaft und zufrieden in den Telefonhörer und bemerkte treffend, dass es richtig war und gut getan hatte, diese Wurst zu essen. Auch wenn so manche Kollegin, die schon länger vegan und wurstlos unterwegs ist, sie mit einem verständnislosen oder gar vorwurfsvollen Blick entsprechend ermahnte: »Du weißt schon, was du tust? Und dass Wurst nicht gerade gesund ist!«

Kennen Sie das nicht auch? Haben Sie nicht auch solche Menschen im Bekanntenkreis oder gehören gar selbst zu dieser Spezies? Man könnte meinen, gesunde Ernährung sei eine neue Religion. Und es gibt zahlreiche selbsternannte Prediger, die hinter uns herlaufen oder sich vor uns aufbauen, um ihren Senf zum Thema dazuzugeben. Sie sind damit beschäftigt, jedem Trend hinterherzulaufen und den für sie persönlich annehmbarsten missionarisch in die Welt zu tragen. Es gibt die Steinzeitmenschen, die Veganer und die Low-Carb-Fraktion, um nur einige Trends zu nennen. Es gibt Ängste vor Fleisch, vor Milch, vor Brot, vor Kaffee und vor allem vor Zucker. Krebszellen mögen Zucker! Wussten Sie das? Es heißt, man füttert sozusagen seinen Tumor durch. Das ist einer der Gründe dafür, warum manche Menschen sich jetzt schon so verhalten, als hätten sie bereits Krebs, und versuchen, Zucker in jeder Form zu meiden. Vielleicht glauben sie aber auch, dass Zucker neben Karies und breiten Hüften auch Krebs verursachen könnte.

Die Gefahren durch das Essen lauern überall. Der Konsum von Fleisch kann Herz-Kreislauf-Erkrankungen befeuern. Folglich begegnen gesunde Menschen ihren Ängsten vor einem Herzinfarkt durch konsequenten Fleischverzicht. Brot und Mehlprodukte im Allgemeinen machen nicht nur unsere Wampe dick, sondern machen uns müde, allergisch, doof und krank. Und weil viele Menschen sich genauso schon fühlen, haben sie jetzt einen Übeltäter gefunden, dem sie ihre gesamte Krankengeschichte in die Schuhe schieben können.

Lassen Sie sich von Ernährungstrends nicht tyrannisieren

Sicher kennen Sie das Sprichwort »Der Mensch ist was er isst«. Und wissen Sie was? Es stimmt. In der Tat hat unsere Ernährung einen Einfluss auf unsere Befindlichkeiten und natürlich auch auf unser Aussehen.

Doch Sie tun sich selbst einen großen Gefallen, wenn Sie sich nicht von den ständig wechselnden Trends tyrannisieren lassen und lernen, mehr auf Ihren Körper und Ihr Bauchgefühl zu hören. Es ist weniger entscheidend, was allgemein gesund ist. Es ist viel bedeutsamer, welche Nahrungsmittel und welches Essverhalten für Sie persönlich gesund sind. Womit fühlen Sie sich wohl? Was macht Sie herrlich satt, zufrieden und ausgeglichen? Was liegt Ihnen wunderbar leicht im Magen und bereitet Ihnen keine Verdauungsprobleme? Wenn Sie es verstehen, das Essen zu genießen und als Quelle des Glücks zu betrachten, dann ist alles erlaubt. Sie können Fleisch essen, Brot, Pasta und Törtchen, Sie dürfen gelegentlich ein Bierchen oder ein Glas Wein trinken. Solange Sie nichts übertreiben, kann Ihnen auch nichts Schlimmes passieren. Ein maßloses und übertriebenes Essverhalten schadet Ihnen. Auch wenn Sie es »gesund« übertreiben und Berge von Nüssen und Obst vertilgen oder literweise grüne Smoothies trinken, werden Sie wahrscheinlich unangenehme Folgen in Kauf nehmen müssen.

Alle Dinge sind Gift, und nichts ist ohne Gift.
Allein die Dosis macht, dass ein Ding kein Gift ist.

Paracelsus

Übrigens ist eine gezielte Kalorienrestriktion einen Versuch wert, wenn Langlebigkeit und gutes Aussehen zu Ihren Wünschen gehören. Sie können alles genießen, nur nicht alles auf einmal und in Riesenmengen, denn dann wird Ihr Verdauungsapparat überfordert und Ihr Körper geschwächt. Das ist auch der Grund dafür, dass ein leichtes Abendbrot, nicht allzu spät eingenommen bekömmlicher ist als die Schweinshaxe und der Liter Bier kurz vor dem Zubettgehen. Ein gelegentliches Dinner-Canceling oder ein reduziertes Abendmahl können auch Wunder wirken, um sich gut zu fühlen und besser zu schlafen.

Lassen Sie Ihren Körper entscheiden

Eine positive und dankbare Haltung wirkt sich vorteilhaft auf den Stoffwechsel aus und sorgt dafür, dass wichtige Nährstoffe auch wirklich in den kleinsten und entferntesten Zellen landen. Eine solche Haltung ist authentisch, wenn Sie sich nicht ausschließlich über Verzicht und Selbstzucht definieren. Hören Sie aufmerksam in sich hinein und auf Ihren Körper und entscheiden Sie, was Ihnen gut tut und was Sie essen wollen.

Ich habe schon vor langer Zeit entschieden, dass ich auf nichts verzichten muss und alles in Maßen genießen darf. Es würde mich ohnehin verrückt machen, ständig daran zu denken, was ich alles nicht darf und was meinem Körper laut kollektiver Meinungsmache schaden kann. Und ich weiß nicht, wie es Ihnen geht, doch ich erkenne bei mir selbst und anderen eine zunehmende Verunsicherung durch die Medienberichterstattung bezüglich gesunder Lebensmittel. Mal heißt es, Fisch ist wegen der Omega-3-Fettsäuren gesund, und dann lautet die Botschaft: Hände weg vom Fisch! Überfischte Meere und alles verseucht mit Schwermetallen! Ähnliche Botschaften hören wir dann auch über Fleisch, das mit Antibiotika vollgestopft ist, und über Obst und Gemüse, das nicht mehr naturbelassen ist und von Pestiziden durchdrungen. Aus diesem Grund ist auch alles, auf dem »Bio« draufsteht, heutzutage so beliebt. Wobei viele Medien bereits klarstellten, dass da wo »Bio« draufsteht, nicht immer »Bio« drin ist.

Vor einigen Monaten habe ich ein Spezialseminar in orthomolekularer Medizin und Vitalstofftherapie besucht, in dem die neuesten internationalen Studien zu gesunder Ernährung vorgestellt wurden. Der Fokus liegt hier deutlich auf Nahrungsmitteln, die uns gut tun und von denen wir mehr essen dürfen. Denken Sie mehr in Möglichkeiten, die einen zusätzlichen Genuss versprechen, als in Problemen und in Gefahren, die Verzicht mit sich bringen.

Die für Sie richtigen Nahrungsmittel, auf die für Sie richtige Art und Weise zubereitet, lassen Sie strahlen und schöner aussehen.

Essen Sie sich schön!

Ganz einfach gesagt, sind Licht und lichtreiche Lebensmittel der Gesundheit besonders zuträglich. Denn Licht ist Energie. Wenn der Apfel am Baum viel Energie aufgenommen hat und keine weitere mehr aufnehmen kann, dann ist er reif und fällt ab. Und genau das ist der Zeitpunkt der höchsten Dichte an Vitaminen und sekundären Pflanzenstoffen. Obst und Gemüse, da erzähle ich Ihnen nichts Neues, sind lichtreich und gesund für Sie. Je knackiger und saftiger, desto vitaminreicher. Denn Energie besteht aus Elektronen, die nur im Wasser transportiert werden können. Deswegen brauche ich das Wasser in den Lebensmitteln, und deswegen macht es auch Sinn, viel Wasser zu trinken. Es ist die Grundlage alles Lebens.

Genießen Sie, was gut ist

Neben Wasser ist auch Fett sehr gut. Natürlich nicht jedes, aber zum Beispiel Raps-, Lein- und Walnussöl mit seinem hohen Gehalt an Omega-3-Fettsäuren. Olivenöl ist auch prima, hat zwar weniger

Omega-3-Fettsäuren, dafür viele sekundäre Pflanzenstoffe. Die gute Butter auf dem Brot ist vitaminreich und schmeckt gut. Ein Gläschen Rotwein zwischendurch ist wegen des hohen Gehaltes an Resveratrol auch zu empfehlen. Resveratrol wird auch das Rotwein-Molekül genannt. Sie finden diesen Wirkstoff auch in Weintrauben und Traubensäften, doch im Rotwein findet es sich in hochpotenzierter Form wieder. Wenn also kein Alkohol (Alkohol killt unser Vitamin C und halbiert unsere Magnesiumreserve) im Rotwein wäre, dann würde er sicher auf der Liste der gesündesten Lebensmittel stehen. Resveratrol lässt uns gesünder und jünger aussehen, verbrennt überflüssiges Fett, tut unserem Herzen und den Gefäßen gut und soll sogar als Prävention gegen Krebs nützlich sein.

Was sonst noch gut ist? Vor allem für unser Gehirn, damit wir möglichst lange Alzheimer und Co. fernhalten können? Essen Sie Brokkoli, Heidelbeeren und Nüsse, und würzen Sie mit Kurkuma gemischt mit Pfeffer. Gemüse, vor allem das grüne, sämtliche Kohlsorten, Hülsenfrüchte, Zwiebeln und Knoblauch, Obst und Beeren sind gut für Sie. Ab und zu Fisch und Fleisch. Für den, der es verträgt, auch Milchprodukte. Hülsenfrüchte und Eier sind gute Eiweißlieferanten und gehören auf Ihren Speiseplan. Alle industriell verarbeiteten Lebensmittel, Süßigkeiten, Softdrinks und Alkohol sollten Sie sich nur gelegentlich und in Maßen gönnen. Sie setzen einzig auf den Genussfaktor und haben wenige Nährstoffe. Doch Sie wissen ja, gelegentlich ein Glas Rotwein wirkt Wunder und auch der dunklen Schokolade wird ein wahrer Zauber nachgesagt. Liebe geht durch den Magen, heißt es, und das bedeutet auch, dass Sie Ihren Körper mit gesunden Leckereien verwöhnen sollten. So können Sie Ihre Genussfähigkeit, Sinnlichkeit und Attraktivität auf einfache und angenehme Art steigern.

Es ist alles eine Frage der Konzentration. Bei der Erstellung eines positiven Selbstbildes macht die Konzentration auf Fehler, Misserfolge und Schwächen keinen Sinn. Ein echter Mehrwert und eine gesunde Entwicklung entstehen erst durch die Fokussierung auf die Stärken, Potenziale, Werte, Fähigkeiten und Erfolge. Das ist viel sinnvoller und zielführender. Für einen geeigneten Ernährungsplan gelten die gleichen Empfehlungen.

Vermeiden Sie es, sich nur auf die Dinge zu konzentrieren, die Sie nicht essen dürfen oder die schädlich für Sie sind. Statt in Regeln und Verboten zu denken und sich selbst täglich in die Pflicht zu nehmen, zu geißeln und zu quälen, überlegen Sie lieber, was Sie alles genießen dürfen und was Ihnen guttut.

Mit Ernährung vorbeugen

In der modernen Krebsforschung hat man herausgefunden, dass die Entgleisung der Zellfunktionen, so wie es bei Krebs über einen langen Zeitraum passiert, bereits im Anfangsstadium gestoppt werden kann. Wissenschaftler und Mediziner gehen davon aus, dass alle Menschen gewisse kleine Mini- oder Mikrotumore haben, denen man präventiv durch die richtige Ernährung begegnen kann. Prof. Dr. med. Richard Béliveau und Dr. med. Denis Gingras schreiben in Ihrem Buch »Krebszellen mögen keine Himbeeren« hierzu Folgendes: »Wie wir sehen werden, haben manche Wirkstoffe in Nahrungsmitteln die Eigenschaft, diese potentiellen Tumore in einer Art Schlafzustand zu halten, und können somit die Ausbildung von Krebs verhindern.« Auch hierbei ist es zielführend, seinen Blick auf das Positive zu fokussieren. Genauso wie positive Emotionen unsere Gesundheit steuern, können auch positiv besetzte Nahrungsmittel einen wunderbaren Nutzen mit sich bringen.

Wenn Sie mehr über dieses Thema erfahren wollen oder vielleicht selbst betroffen sind, dann finden Sie im Literaturverzeichnis einen Hinweis zu dem erwähnten Buch.

Beschäftigen Sie sich mehr damit, was Sie alles genießen dürfen, anstatt darüber nachzudenken, worauf Sie verzichten müssen. Was bei dem einen wirkt, muss bei einem anderen noch lange nicht wirken. Vertrauen Sie auf Ihr Gefühl. Hören Sie auf Ihren Körper.

Gutes Aussehen dank Vitalstoffmedizin

Natürlich gibt es immer wieder Zeiten im Leben, in denen es gerade nicht so gut läuft. In denen Stress und herausfordernde Lebenssituationen uns müde, erschöpft und krank machen. Wir merken es in der Regel selbst, dass wir nicht mehr so motiviert und leistungsfähig sind. Wir schauen in den Spiegel und sehen ein blasses Gesicht, Ringe unter den Augen und eingefallene Wangen. Vielleicht ist uns das ein oder andere bereits auf den Magen geschlagen, und eine Erkältung haben wir uns auch zum wiederholten Male eingefangen. Wenn der Körper schlappmacht, dann reicht es manchmal nicht aus, gute Gedanken zu denken und gesunde Lebensmittel zu essen. Denn es besteht die Möglichkeit, dass sich bereits ein handfester Vitalstoffmangel eingeschlichen hat, der durch die üblichen Obst- und Gemüseportionen, die wahrscheinlich in Phasen der Erschöpfung ohnehin vom Speiseplan gepurzelt sind, nicht gestoppt werden kann.

Ein Vitalstoffmangel kann sowohl Ursache als auch Folge verschiedener Befindlichkeitsstörungen sein.

Müdigkeit, nachlassende Leistung und Konzentration, häufige Infekte, Schlafstörungen, depressive Verstimmungen, Unruhe, Verdauungsstörungen, Haarausfall, Hautprobleme, vermehrtes Schwitzen und weitere funktionelle Beschwerden könnten durch eine entsprechende Zufuhr an Vitaminen und Mineralien gelindert werden.

Damit beschäftigt sich die Vitalstoffmedizin, oder auch orthomolekulare Medizin, eine noch sehr junge Wissenschaft, die von dem zweifachen Nobelpreisträger Linus Pauling geprägt wurde. Im Alltag sprechen wir von Nahrungsergänzungsmitteln in Form von Säften, Pulvern und Pillen, die uns zusätzlich zu unserem Essen mit Nährstoffen versorgen. Zu den Vitalstoffen zählen Vitamine, Enzyme, Mineralstoffe, Spurenelemente, Fettsäuren, Aminosäuren und sekundäre Pflanzenstoffe. Sie alle bewirken, dass bestimmte Abläufe im Körper gewährleistet sind. Unser Hormonhaushalt und unser Stoffwechsel hängen von ihnen ab.

Entscheiden Sie, ob Sie Vitalstoffe nehmen

Die Vitalstoffmedizin ist ein sehr umstrittenes Thema. Es gibt verschiedene Empfehlungen von unterschiedlichen Institutionen, die im internationalen Vergleich alle variieren. Darüber hinaus gibt es zahlreiche Mediziner, die das alles für einen großen, unnötigen Quatsch halten, bei dem es lediglich um Kommerz und Bereicherung geht. Auf der anderen Seite stehen genauso viele Ärzte, die eine Vitalstofftherapie als lebensverändernd sehen und lieber mit Hilfe von Nahrungsergänzungsmittel ihre Patienten gesund machen als mit aggressiven Medikamenten. Und wenn Sie sich dann noch im Freundes- und Bekanntenkreis oder auf der Straße umhören, dann werden Sie bemerken, dass das Thema polarisiert. Keiner weiß Genaues, und alle haben eine Meinung dazu. Es gibt Gegner und Befürworter. Die einen sagen: »An apple a day keeps the doctor away« und die anderen wissen, dass sie bei ihrer unruhigen Lebensweise in einer schadstoffreichen Umwelt mit einem Extra an Vitaminen gut beraten sind. Es gibt Ärzte, die vertrauen auf die Blutergebnisse und die festgelegten Normbereiche und andere, die propagieren, dass die Blutwerte noch lange nichts darüber aussagen, ob die wichtigen Vitalstoffe auch wirklich im Inneren der Zelle angekommen sind. Manche Experten glauben, dass ein Wert im unteren Normbereich ausreichend ist, und andere wiederum raten dazu, es wie die Sportler zu machen und den Spiegel an die Grenze des oberen Normbereiches zu pushen. Denn schließlich berechnen sich die Normwerte aus den ermittelten Werten der Menschen, die zum Arzt gehen, und das sind meistens die Menschen, die krank sind oder sich krank fühlen.

Die Entscheidung liegt bei Ihnen und Sie sollten in Ihren Körper hineinhorchen und spüren, ob und inwieweit er eine Unterstützung benötigt.

Die Frage ist: Fühlen Sie sich wohl und energiegeladen oder pfeifen Sie bereits aus dem letzten Loch? Wenn Sie ein Zusatzpräparat einnehmen und Sie sich damit wohlfühlen und es Ihnen darüber hinaus hilft, dann kann es auch nicht gänzlich verkehrt sein. Es ist sicher nicht nötig, ohne erkennbare Defizite Nahrungsergänzungsmittel zu konsumieren. Doch es stellt sich die Frage: Wann habe ich ein Defizit, wie äußert es sich und wie kann ich es erkennen? Über Jahre hinweg Unmengen an Vitalstoffen zu vertilgen, ohne deren Wirkung im Körper zu verstehen und planvoll zu handeln, ist sicher keine gute Idee. Je nachdem, um welches Vitamin es sich handelt, kann es sogar ungesund sein. Doch in Stresssituationen und herausfordernden Lebensabschnitten wie Pubertät, Schwangerschaft, Wechseljahren und Alter sind Zusatzstoffe manchmal Gold wert, denn sie halten uns fit und sorgen für Wohlbefinden. Selbst dann, wenn Nahrungsergänzungsmittel gar keine Wirkung hätten und hier einzig und allein der Placeboeffekt Wirkung zeigte, wäre das Ergebnis durchaus erstrebenswert.

Wenn Sie Ihre Emotionen nicht im Griff haben und Negativität Ihr Leben bestimmt, dann befinden Sie sich in einem kräfteraubenden Stresszustand, aus dem Sie ohne mentale Strategien nicht herauskommen.

Ihnen nutzen auch die schönen Vitamine nicht viel, wenn Sie sich durch eine dauerhafte Ausschüttung von Stresshormonen selbst im Überlebensmodus halten und Ihr Immunsystem blockieren. Wenn Sie also bereit sind, Ihren seelischen Zustand zu verbessern und gleichzeitig Ihren Vitamin- und Mineralstoffspiegel zu erhöhen, dann werden Sie gute Ergebnisse erzielen und viel leistungsfähiger sein.

Leere Speicher nicht strapazieren

Viele Menschen, die in Dauerstresszuständen leben, haben leer geräumte Vitalstoffspeicher. Sie dümpeln auf den niedrigsten Werten herum und wundern sich dann, dass sie sich lust- und antriebslos mit Vorliebe auf dem Sofa wälzen. Dem Stress, der häufig durch eine negative Gefühlslage ausgelöst wird, begegnen sie meist mit Zigaretten und Alkohol, und dem Körper, der dann keine Kraft mehr für regenerative Prozesse hat, verabreichen sie wiederholt oder dauerhaft Medikamente. Doch auch Rauchen, Trinken und Tabletteneinnahme senken den Vitalstoffgehalt der Zellen und haben anfangs Befindlichkeitsstörungen und später chronische Erkrankungen zur Folge. Sie können sich vorstellen, dass eine solche Entwicklung Sie nicht unbedingt strahlen lässt und schöner macht.

Beobachten Sie sich

Wie Sie bereits in den vorangegangenen Kapiteln erfahren haben, ist eine gekonnte Antlitz- und Körperdiagnose durchaus von Vorteil. Wenn Sie von Natur aus ein sensibler Mensch sind, dann werden Ihnen schnell körperliche Veränderungen auffallen und bestenfalls wissen Sie auch genau, was Ihr Körper Ihnen sagen will und braucht, um gesund zu sein und gesund auszusehen. Wenn Sie also einen Blick in den Spiegel werfen und ein blasses Gesicht, gerötete Augen, eingerissene Mundwinkel, trockene Haare, abgebrochene Fingernägel, fettige Haut oder eingefallene Wangen sehen, dann wissen Sie, dass Handlungsbedarf besteht. Wenn Ihr Herz rast und stolpert, diverse Verdauungsbeschwerden Sie plagen, Sie an Haarausfall, Schwindel, Konzentrationsschwäche, Depressionen, Erschöpfung, Kopfschmerzen oder auch an Entzündungen leiden, dann ist Ihr Körper wahrscheinlich nicht ausreichend mit Vitalstoffen versorgt. Sie sind nicht richtig krank, aber gesund und glücklich fühlen Sie sich auch nicht.

Die Ärzte sind es gewohnt, denn schließlich sind ihre Praxen zu über 80 Prozent von Patienten bevölkert, die an sogenannten somatoformen Störungen leiden. Das heißt, es gibt keinen organischen Befund, vielmehr handelt es sich um die eingangs beschriebenen Befindlichkeitsstörungen.

Gesundheit ist ein Zustand des vollständigen körperlichen, geistigen und sozialen Wohlbefindens und nicht nur das Fehlen von Krankheit oder Gebrechen.

WHO (World Health Organization)

Die Vitalstoffmedizin unterstützt diesen Vorgang und Vitamine, Mineral- und sekundäre Pflanzenstoffe wirken wie Co-Faktoren für Enzyme, die wichtige körperliche Prozesse steuern.

Finden Sie heraus, wie Sie Ihren Körper unterstützen können

Wie Sie schon erfahren haben, ist nicht nur der reine Vitamingehalt von Obst und Gemüse ausschlaggebend. Die positive Wirkung auf die Gesundheit beruht vor allem auf den sekundären Pflanzenstoffen, die für führende Experten immer mehr an Bedeutung gewinnen. Das ist auch der Grund dafür, dass ein natürlich hergestelltes Nahrungsergänzungsmittel einem synthetisch produzierten auf jeden Fall vorzuziehen ist. Je mehr Inhaltsstoffe und voneinander abhängige Wirkprozesse der Natur nachgeahmt sind, desto besser ist es.

Das heißt, tausende von Molekülen in eine Tablette zu packen, gestaltet sich schwierig, zumindest wenn es sich um sekundäre Pflanzenstoffe handelt. Allerdings empfehle ich Ihnen auch hier, Ihre eigenen Erfahrungen zu machen. Übertreiben Sie nichts, aber überprüfen Sie, was Ihnen hilft und was Ihnen guttut. »Viel hilft viel« stimmt leider nicht. Und Eisentabletten einzunehmen, obwohl Sie ein Zinkdefizit haben, ist auch reiner Quatsch. Überhaupt macht es wenig Sinn, einzelne Vitalstoffe zu schlucken, wenn diese keine Trägermoleküle haben, die sie auf vernünftige Weise in die Zelle transportieren. Dass Eisen zum Beispiel Vitamin C benötigt, um gut aufgenommen zu werden, ist den meisten von uns bekannt. Dass wichtige Nährstoffe auf der Strecke bleiben und es nicht bis in die Organe und Zellen schaffen, wenn Sie nicht vorher durch die richtigen Enzyme aufgespalten werden, wissen die wenigsten. Die Enzyme sind abhängig von den Vitaminen und die Vitamine von den Enzymen. Und wenn Sie beispielsweise einen Blähbauch haben und Probleme mit der Verdauung, können Enzyme diese wieder auf Touren bringen. Je besser diese ursprüngliche Wechselwirkung in einem Präparat erhalten bleibt, desto größer wird sein Nutzen später sein.

Auch, wenn das Problem in erster Linie durch eine Verhaltensveränderung zu lösen ist, wird ein hochwirksames Vitalstoffpräparat den Transformationsprozess beschleunigen.

In Gesprächen mit meinen Klienten habe ich gelernt, dass herausfordernde Lebenssituation wie zum Beispiel eine Trennung, ein Konflikt oder eine berufliche Veränderung meistens auch mit körperlichen Symptomen einhergehen. Anspannung, Gereiztheit und Sorgen manifestieren sich als gesundheitliche Störungen, die das Wohlbefinden stark beeinträchtigen. Eine Frau, die gerade eine schwere Scheidung hinter sich gebracht hatte, erzählte von vielen Zigaretten, schlaflosen Nächten, chronischem Husten und Kopfschmerzen. Ein Mann, der von seinem Chef tagaus, tagein getriezt wurde, berichtete von zu viel Alkohol, Fressattacken, Herzstolpern und Magenschmerzen.

Wir brauchen Eiweiß zur Produktion von Glückshormonen

Wussten Sie, dass Hämoglobin zu einem großen Teil aus Eiweiß besteht? Es ist unser Blutfarbstoff und wenn wir einen tollen Wert haben, dann transportieren wir viel Sauerstoff in die Muskeln und ins Gehirn. Und wussten Sie, dass ein Leistungssportler viel leistungsfähiger ist, wenn sein Hämoglobinwert nicht am unteren Limit, sondern an der oberen Grenze liegt? Was Sie auf jeden Fall wissen, ist, dass solche Stresssituationen wie oben beschrieben eine Kaskade von Stresshormonen wie Adrenalin und Cortisol auf den Weg schicken, was auf lange Sicht gesehen unser Immunsystem in seiner Arbeit massiv einschränken kann. Denn Cortisol stört die Entwicklung von Serotonin, unserem Glückshormon, und wenn das auch immer weiter abnimmt, dann bleiben wir auf unseren Stresssymptomen sitzen und nichts ändert sich zum Positiven. Ohne Serotonin verstärken sich unsere Ängste, sehen wir alles schwarz, denken in Problemen und leiden an Schwäche, Schlafstörungen und Stimmungsschwankungen.

Um Serotonin zu produzieren, brauchen wir auch Eiweiß, oder besser gesagt essentielle Aminosäuren. Ein wirksamer Vitalstoffmix, angereichert mit der wichtigen Aminosäure Tryptophan, tut hier gute Dienste. Ist Ihr Serotoninspiegel wieder angehoben, dann merken Sie das sofort: gute Laune, alles wirkt heller, Sie haben tolle Ideen und Zukunftspläne, fühlen sich ausgeglichener, glücklicher und fitter. Falls Ihr Serotoninspiegel zu niedrig sein sollte, können Sie ihn primär durch eine Umstellung auf eiweißreiche Kost anheben. Auch andere wichtige Neurotransmitter und Hormone brauchen Eiweiß. So können Sie beispielsweise Ihr Testosteron durch eine Eiweißzufuhr in Kombination mit Zink stimulieren. Testosteron macht Sie vital, durchsetzungsstark und sexy. Lustigerweise steigt der Testosteronwert auch, wenn Sie eine Glückssträhne haben oder ein paar fröhliche Erlebnisse Ihr Leben bestimmen. Der Serotoninspiegel steigt gleich mit. Das Stresshormon Cortisol ist übrigens auch ein Gegenspieler von Testosteron und kann es richtig in die Knie zwingen.

Alles ist miteinander in Wechselwirkung. Hormone, Enzyme und Vitalstoffe sind voneinander abhängig und erst ihr gemeinsames Wirken sorgt für eine Verbesserung des subjektiven Wohlbefindens.

Diagnose durch den Arzt und durch Selbstanalyse

Die moderne Vitalstoffmedizin hat als erklärtes Ziel eine bessere Gesundheit für den Einzelnen. Wenn marode und leere Tanks im Körper wieder aufgefüllt sind, fühlt der Mensch sich gesünder und strahlt nach außen. Damit Sie erkennen können, ob Ihre Tanks derzeit ein Leck haben, ist neben einer ärztlichen Diagnose vor allem die aufmerksame Selbstwahrnehmung eine wirksame Methode. Schauen Sie sich in die Augen, betrachten Sie Haut und Haare und dann entscheiden Sie, ob Ihnen irgendetwas zu müde, stumpf und glanzlos erscheint. Hören Sie auf das Flüstern Ihres Körpers und entdecken Sie, ob Sie schwitzen, die Nerven zucken, das Herz rast, die Muskeln schmerzen oder Sie schwer atmen können. Finden Sie heraus, ob Sie einen entspannten Gesichtsausdruck oder mehr einen gequälten haben. Ob Sie morgens mit Elan aus dem Bett springen oder eher wie ein verunglückter Käfer kaum auf die Beine kommen.

Wenn Sie das herausgefunden haben, dann bringen Sie zuerst Ihre Gedanken in Ordnung und günstigstenfalls zeitgleich Ihre Ernährung. In einem Apfel stecken nach wie vor viele tausende von Wirkstoffen. Die Wissenschaft hat einige von ihnen, wie zum Beispiel die Bioflavonoide, identifiziert. Sie pushen die Wirkung des Vitamin C um das Zwanzigfache. Genau das ist der Grund dafür, dass die richtige Ernährung Sie wirksam unterstützen kann. Sollten Sie allerdings zu tief im Schlamassel sitzen, dann ist ein wertvoller Vitamin-Mineralien-Mix, angereichert mit sekundären Pflanzenstoffen, für Sie ein Turbo auf dem Weg zur strahlenden Persönlichkeit.

Positive Emotionen – das Geheimnis eines starken Immunsystems

Wenn Sie bis hierhin aufmerksam gelesen haben, dann wissen Sie, dass ich ein Fan von bewussten und absichtlich gefühlten positiven Emotionen bin. Erinnern Sie sich an die psychischen und körperlichen Auswirkungen von negativen Gefühlen wie Angst, Wut, Ärger, Kummer und Traurigkeit. Es ist wichtig, dass wir diese Gefühle erkennen und angemessen bearbeiten, doch noch wichtiger ist es, ihnen von Anfang an den Nährboden zu entziehen und ihnen keine Chance zu geben, sich als krankmachende Muster in unserem Körper festzusetzen. Sie haben jetzt schon gelesen, dass negative Gedankenmuster und Gefühle unser Immunsystem dermaßen schwächen können, dass selbst Krankheiten wie Krebs, Schlaganfälle und Herzinfarkte schlimmstenfalls dadurch begünstigt werden.

Das bewusste Erwerben der Fähigkeit, sich an seine guten Gefühle zu erinnern oder diese im Geiste neu zu kreieren, ist meines Erachtens die wichtigste präventive Maßnahme, wenn es um Ihre Gesundheit geht.

Eigentlich ist es gar kein Geheimnis. Es klingt banal und ist doch schwer umsetzbar: Seien Sie ein guter und tugendhafter Mensch, der sich und anderen Menschen Gutes tut. Unser Körper ist in der Lage, ein hochintelligentes Reaktionssystem zu entwickeln, je nachdem, welche Gedanken und Gefühle wir ihm vorgeben. Es ist wissenschaftlich fundiert und durch mehrfach abgesicherte Studien bewiesen, dass gute Gefühle uns gesund machen und gesund halten können. Es gibt Erkenntnisse aus der Hirnforschung, aus der Medizin und der internationalen Glücksforschung, die zeigen, wie mächtig das Wechselspiel zwischen Körper und Seele ist.

Sein Herz zu öffnen und mit dem Gefühl von (Selbst-) Liebe, Hoffnung und Zuversicht unterwegs zu sein, ist eine machtvolle Geste, die uns stärker macht und strahlen lässt. Es sind nicht nur die medizinischen und wissenschaftlichen Disziplinen, die eine solche Haltung befürworten. Auch in den Religionen und uralten Traditionen sowie den Lehren und Heilkünsten der Naturvölker haben Verwandlungen in mitfühlende, menschliche und liebende Wesen große Bedeutung. Es werden Prioritäten gesetzt, die menschliche Werte in den Vordergrund stellen und ein Bewusstsein für Einfachheit, Demut, Selbstvertrauen und Hilfsbereitschaft setzen. Ob Sie es nun von der christlichen Seite betrachten, dem Buddhismus Folge leisten oder ein begeisterter Anhänger der angewandten Positiven Psychologie sind, die Haltung ist immer die gleiche.

Lassen Sie uns einen Blick auf gute Gefühle werfen

Es sind Emotionen, die Ihnen guttun, die Sie stark und schön machen. Um sie zulassen zu können, ist es oftmals notwendig, sich von den negativen Gefühlen zu trennen. Und das ist gar nicht so einfach, denn schließlich haben wir uns diese zu eigen gemacht, um einen ganz speziellen Kampf zu kämpfen oder uns vor schädlichen Einflüssen zu schützen. Doch wenn wir diese Übeltäter nicht loslassen, dann ist nicht genug Platz in unserem Kopf und in unserem Herzen, um die sanften und wohltuenden Gefühle zu installieren. Denn nur diese weichen Gefühle machen den Weg frei für unsere Seele und für unsere wahre Schönheit, welche sich in unserem Gesicht widerspiegelt.

Was sind positive Emotionen? Und wie oft können Sie diese in Ihrem Alltag unterbringen? Ich möchte Ihnen hier mal ein paar benennen: An aller erster Stelle kommt natürlich die Liebe, gefolgt von Vertrauen, Freude, Mitgefühl, Lust, Hoffnung, Zuversicht, Optimismus, Frieden, Klarheit, Ganzheit, Geborgenheit, Gelassenheit, Dankbarkeit, Interesse, Neugierde, Stolz, Zufriedenheit, Entschlossenheit, Erfüllung, Fröhlichkeit usw.

Ich habe an anderer Stelle schon einmal von der Psychologin Barbara Fredrickson berichtet, die durch ihre Broaden-and-Build-Theorie bewiesen hat, dass angenehme Emotionen uns aufmerksamer und klüger machen. Langfristig gesehen stärken sie unsere Widerstandskraft und lassen uns mutig Herausforderungen annehmen, damit wir nicht beim kleinsten Windstoß in die Knie gehen. Wir sind belebter, begeisterter, berührter und energiegeladener. Kein Wunder, dass solche Gefühle uns auch die Zornesfalten aus dem Gesicht zaubern und Fett- und Wasseransammlungen vom Leib halten können.

Denken Sie mal darüber nach, was Sie konkret tun können

Welche Menschen können Sie glücklich machen und wodurch? Was können Sie verändern? Welche negativen und lästigen Gewohnheiten können Sie aus Ihrem Leben werfen? Ein toller erster Schritt ist das Dankbarsein. Für das Leben und die tollen Geschenke, die es uns schon gemacht hat. An zweiter Stelle lohnt es sich, den Blick auf die Menschen zu richten, die uns umgeben, und das Besondere und Gute in ihnen zu sehen. Zeigen Sie ihnen ein schönes Lächeln, geben Sie ihnen eine Umarmung, loben Sie und schenken Sie Anerkennung, beginnen Sie einen Satz mit den Worten: Wie schön, dass es dich gibt. Und als dritten Tipp möchte ich Ihnen mit auf den Weg geben, sich Ihrer Sinnlichkeit öfter einmal zu widmen. Tanzen Sie zu guter Musik, genießen Sie eine kleine leckere Sünde, küssen Sie jemanden, den Sie gern küssen möchten, und geben Sie sich mit Freude auch der ein oder anderen positiven Verrücktheit hin.

Sie werden bemerken, wie Sie immer öfter aus vollem Herzen leben. Wie Ihre Augen jenen Ausdruck von Sanftheit und Wärme bekommen. Wie sich Ihre Gesichtszüge glätten und eine gewisse Art von Erhabenheit und Gelassenheit Ihnen gut zu Gesicht stehen. Sie werden sich über die Möglichkeit freuen, tief atmen zu können. Sie werden sich gut fühlen, wenn Sie den Nebel aus Ihrem Gehirn verdrängen und eine neue Form von Klarheit gewinnen. Sie werden Ihren Körper anders spüren, die Schwere wird weichen und an ihrer Stelle eine ungewohnte Leichtigkeit entstehen. Sie werden Ihren Ohren nicht trauen, wenn Sie gelegentlich vor Verzückung japsen oder befreit lachen.

Zeigen Sie sich

Wenn ein Teil von Ihnen weiterhin bestrebt ist, Schönheit als Leistung zu betrachten, dafür zu hungern und zu schwitzen, sich aufspritzen zu lassen und sich unters Messer zu legen, dann ist es völlig in Ordnung. Zumindest, solange es Ihnen Freude macht, entweder davor oder dabei oder danach. Ist es jedoch mörderisch anstrengend für Sie und Ihr Gesicht verwandelt sich mehr und mehr in eine leidvolle Maske, dann ist es wahrscheinlich weniger zielführend. Es wird Sie auf Dauer auslaugen, die lustigen Lebensgeister vertreiben und Sie müde aussehen lassen. Wenn Sie es zu intensiv betreiben und Ihr Geldbeutel bei den Verschönerungsaktionen auf der Strecke bleiben sollte, werden Sie nicht nur müde, sondern auch pleite sein und entsprechend frustriert wirken. Ich glaube, wir haben alle den Wunsch, schön zu sein, und solange es machbar erscheint, werden wir auch, jeder nach seinen individuellen Vorstellungen, unser Äußeres zu optimieren versuchen.

Eine wichtige Erkenntnis dieses Buches ist, dass ein zu durchorganisiertes Schönheitsprogramm und ein zu verbissen verfolgtes Leistungsprinzip, gepaart mit der sehnsuchtsvollen Jagd nach Anerkennung und einem Quäntchen Glück, eher kontraproduktiv sind. Was nutzen trainierte Beine, wenn wir traurig durchs Leben wandeln? Was bringen eine glatte Stirn und pralle Wangen, wenn die Mundwinkel nach unten zeigen? Wofür brauchen wir volle Lippen, wenn Küssen gar nicht zu unserem Leben gehört? Was machen wir mit einem Traumkörper, der nicht liebkost wird? Welchen Sinn macht die Wimperntusche, wenn der Blick trüb und leer ist?

Wahre Schönheit kommt von innen.
Wir sind schön, wenn wir uns wohlfühlen.
Wir sind schön, wenn wir glücklich sind.

Das Kultivieren positiver Emotionen, vor allem der Liebe und des Vertrauens zu uns selbst, zu unserem Wirken und zu den Menschen, ist der Schlüssel. Ihrem Herzen zu folgen und mit Feinsinn und Mitmenschlichkeit durch das Leben zu gehen, wird Sie strahlen lassen. Schönheit ist kein rein oberflächliches Phänomen. Vielmehr zeigt sich außen, was innen ist. Die Philosophin Dr. Rebekka Reinhard hat drei Merkmale identifiziert, die man ihrer Meinung nach weder kaufen kann noch von der Natur geschenkt bekommt. Sie lassen sich nur von innen heraus entwickeln: Haltung, Anmut und Stil.

Ich gehe konform mit ihrer Aussage, dass die meisten Anstrengungen, Schönheit zu erwerben, sich einzig auf Oberflächenphänomene beschränken. Mir gefällt die philosophische Interpretation von Schönheit und ich möchte auch Ihnen die Möglichkeit bieten, diese Tugenden mal genauer unter die Lupe zu nehmen und zu schauen, ob sie hinreichend Raum in Ihrem Inneren und in Ihrem Leben finden.

Haltung: die Kunst, Charakter zu zeigen

Zuerst die innere Haltung, dann die äußere Form!
Es ist wie beim Malen, wo man Glanzlichter
zuletzt aufsetzt.

Konfuzius, chinesischer Philosoph

Eine innere Haltung lässt uns nach außen leuchten, sie ist die Voraussetzung für Anmut und Stil. Haltung drückt sich äußerlich durch einen aufrechten Körper aus, voller Würde und Stolz, ohne dabei anmaßend, überheblich oder arrogant zu wirken. Haltung hat etwas damit zu tun, dass Sie Ihre Werte und Ihre moralischen Vorstellungen kennen und diese vernünftig und mutig nach außen tragen können. Eine Haltung zu haben, heißt, einen starken Charakter zu haben. Ein Mensch, der Haltung hat, sinkt nicht beim kleinsten Gegenwind in die Knie und ist auch nicht durch jede daherkommende Welle mitzureißen. Es ist eine tiefgehende Erkenntnis, dass das Leben manchmal wirklich hart zuschlagen kann. Und es ist mentale Stärke, die einen Menschen in solchen Situationen beherrscht und vernünftig handeln lässt.

Ohne Haltung ist ein Mensch wie ein klebriger Kaugummi, ist nur oberflächlich an anderen Menschen interessiert und am meisten an sich selbst. Er wird nicht durch edle Ziele motiviert und bleibt wahrscheinlich ein Leben lang so, wie er jetzt gerade ist. Haltung ist eine Voraussetzung für die Entwicklung zu einem weitsichtigen, weisen Menschen. Die Haltung lässt sich an der Körpersprache ablesen und ist Ihnen ins Gesicht geschrieben. Sie ist das Gute in und an Ihnen und sie findet Ihren Ausdruck durch Schönheit, die nach außen strahlt.

Wenn Sie noch zögerlich sind, ob Sie ein Mensch mit Haltung und Charakterstärke sind, dann überprüfen Sie Ihre Werte, Ihre ethischen Vorstellungen und Ihre Stärken. Zeigen Sie Haltung, auch wenn Ihnen Ihr Leben richtig heftig um die Ohren fliegt. Wenn Sie bei Problemen dazu neigen sollten, sich gehen zu lassen, Alkohol, Zigaretten und Drogen zu konsumieren, das Bett nicht mehr verlassen und nur noch weinend, wütend und schreiend den Alltag bewältigen, dann ist Ihnen Ihre Haltung vielleicht abhandengekommen. Vielleicht haben Sie es auch nicht gelernt. »Doch wer schön sein will, muss lernen. Denn die äußere Attraktivität lebt von der geistig-seelischen Schönheit, und dies wird umso klarer, je mehr (Lebens-)Zeit vergeht«, schreibt Dr. Rebekka Reinhard in Ihrem Buch »Schön«.

Schönheit besitzt man nicht, man ist schön.

Rebekka Reinhard

Anmut: Leichtigkeit, Reinheit und Authentizität

Schönheit ohne Anmut gleicht einer Rose ohne Duft.

Aus Jamaika

»Anmut« und »Grazie« sind Begriffe der philosophischen Ästhetik. Es ist der unwillkürliche Anspruch einer Harmonie zwischen Sinnlichem und Geistigem. Man spricht auch von einer schönen Seele. Im Duden finden sich verschiedene Synonyme wie »Attraktivität«, »Anziehungskraft«, »Harmonie«, »Liebreiz«, »Zartheit« und »Zauber«. Es ist die Mischung aus Schönheit und Eleganz. Eine Art Aura, die jeden von uns umgibt. Die jedoch aus einer Natürlichkeit heraus entsteht und nichts Aufgesetztes oder Vorgetäuschtes hat. Es ist die Art, wie wir uns bewegen. Es kann ein Blick sein oder eine Geste. Es sind Momente der Selbstvergessenheit. Momente, in denen wir es nicht bewusst darauf anlegen, gut auszusehen oder gut anzukommen. Es ist keine Inszenierung, kein Selbstmarketing und keine Selbst-PR. Es ist kein Image, das wir uns im Rhetorikseminar oder im Schauspielkurs erarbeitet haben. Es ist nicht bewusst in Szene gesetzt, sondern es ist das bewusste Sein des authentischen Selbst. Alles andere wäre auch viel zu oberflächlich.

Wahre Schönheit hat Tiefe.

Wahre Schönheit ist anmutig und authentisch. Vielleicht geht es Ihnen wie mir und Sie bemerken schnell, wenn etwas künstlich in Szene gesetzt ist. Auf Fotos können wir diesen Effekt besonders häufig beobachten, wenn ein Mensch gekonnt strahlend in die Kamera lacht. Klar kommen dabei manchmal gute Fotos heraus, für die Bewerbungsmappe oder die Website. Doch die richtig fesselnden Fotos, die unnachahmlichen Momentaufnahmen, das sind die wirklichen Lichtblicke. Entweder entstehen sie aus einer zufälligen Situation oder der Fotograf ist ein Meister darin, einen natürlichen Moment einzufangen, der nicht gestellt, sondern einfach rein ist.

Stil: Bildung, Benehmen und Herzintelligenz

Mode ist vergänglich, Stil niemals.

Coco Chanel

Stil kann in der Tat auch etwas mit Mode zu tun haben, wobei es nicht erforderlich ist, sich in Luxusteilchen zu hüllen, um stilvoll zu sein. Stil ist eine Erscheinungsform. Stil ist die Art und Weise, wie wir unseren guten Geschmack und unser gutes Benehmen zum Ausdruck bringen. Um stilvoll zu sein, brauchen wir Bildung und Herzensbildung.

Es ist schwer, einem Menschen Stil zuzusprechen, der mit einem knappen und vulgär geprägten Vokabular daher kommt. Der offene Reißverschluss, die über den Gürtel hängende Wampe, Schweißflecken unter den Armen und diverse Ungepflegtheiten wirken ebenso wenig stilvoll. Wenn Sie sich schlecht benehmen, rülpsen und schreien sowie anderen Menschen wenig Wertschätzung entgegenbringen, lässt Sie das auch nicht gerade strahlen.

Stil ist die Verkörperung von Geist und Seele und macht Menschen attraktiv.

Natürlich hat Stil auch eine individuelle Ausrichtung. Umso wichtiger ist es, dass Sie genau wissen, wer Sie sind und was Sie besonders macht. Falls das noch nicht passiert ist, dann empfehle ich Ihnen mein Buch »Gesundes Selbstbewusstsein, Stresskiller Nr. 1«. Ein positives Selbstbild und eine aufgeschlossene, respektvolle Haltung den Menschen und dem Leben gegenüber sind der Schlüssel zu Ihrem guten Stil. Bleiben Sie nicht stehen in Ihrer Persönlichkeitsentwicklung, lernen Sie jeden Tag und jedes Jahr neue Dinge, die Sie wachsen lassen und die Ihnen einen unverwechselbaren Stil verleihen.

Wenn ich alle diese Dinge schreibe, dann bedeutet das nicht, dass ich selbst die Sache perfekt mache. Es bedeutet lediglich, dass ich ein paar wichtige Stellschrauben entdeckt habe, an denen Sie und ich weiter drehen können, um das hinzubekommen, was wir alle wollen: ein glückliches Leben.

Die Schönheit ist nur ein Versprechen von Glück.

Stendhal

Mehr Sein als Schein

Wir können es uns sparen, Perfektion anzustreben, denn die gibt es ohnehin nicht. Je ehrlicher wir uns selbst gegenüber sind und je weniger wir versuchen, für andere eine Rolle zu spielen, desto schöner sind wir. Das wird uns nicht gerade einfach gemacht, denn in der heutigen wirtschaftsorientierten Welt werden ganz klare Positionierungsregeln gesetzt. Eine sanfte Seele und ein warmherziger Charakter reichen nicht aus, um erfolgreich zu sein.

Es ist ein ständiges Hin und Her mit der Authentizität und unternehmerisches Wirken erfordert nun mal einen professionellen Auftritt, der nicht unbedingt jeden unserer Wesenszüge spiegelt. Ich weiß nicht, wie es in Ihrem Berufsleben aussieht – in meinem als Coach und Trainerin werde ich geradezu bombardiert mit Angeboten und Newslettern. In allen Fällen geht es darum, nach außen schön zu scheinen, einen guten und kompetenten Eindruck zu machen. Es geht um Wirkung. Um Performance. Um den richtigen Auftritt. Bewusst eingesetzte körpersprachliche Gesten und eine souveräne Stimmlage sind wichtige Antreiber zu mehr Erfolg.

Werden Sie sichtbar

Marketingstrategien. Kundengewinnung. Umsatzverdopplung. Selbst-PR. Ich weiß jetzt, dass Sieger nur von Siegern kaufen. Dass Nein nicht Nein bedeutet, sondern vielmehr heißt: Noch ein Impuls nötig. Dass ich mich um Traffic auf meiner Website kümmern muss. Dass ich eine Schlüsselgeschichte, einen Claim oder überhaupt irgendeine Signatur brauche. Und wie finde ich das alles am besten? Indem ich mir überlege, was mein Kunde lesen und hören möchte. Wo meinen Kunden der Schuh drückt und welchen Nutzen mein Angebot ihm bietet. Ein perfektes Styling und möglichst viele Likes auf der Facebook-Seite runden für viele Menschen die Sache ab.

Während ich das hier schreibe, habe ich immer noch keine Facebook-Seite. Doch ich weiß nicht, wie lange ich das noch durchhalten werde oder ob es vielleicht geschäftsschädigend sein kann, worauf mich manch ein Berater hingewiesen hat. Doch in mir ist eine Abwehr, es ist mir lästig und ich fühle mich ausreichend online präsentiert.

Niemals waren Täuschung und Verblendung größer als zu Zeiten des Internets. Reichtum, Siege, heile Welt und Schönheit, alles wird gepostet und macht jede kleine Ausnahme zum Gesetz, aus Illusion wird schnell Realität. Es geht permanent um die eigene Wirkung. Professionalität erwartet, dass jeder von uns hier mitzieht. Zu einem gewissen Teil tue ich das auch, allerdings gibt es kaum etwas, was mich mehr nervt und anstrengt als dieses ständige Nach-außen-gerichtet-Sein. Doch was nützt es, wenn ich was kann, und keiner weiß es? Was nützt es, wenn ein Mensch gut aussieht, und keiner sieht ihn? Werden Sie also sichtbar! Verschaffen Sie sich Gehör! Zeigen Sie, wer Sie sind!

Alles richtig, jedoch nur bis zu einer gewissen Grenze. Wir dürfen es nicht übertreiben und vor lauter Ich das Wir nicht mehr sehen. Ich bin der festen Überzeugung, dass der kollektive Zwang, sich unaufhörlich selbst darzustellen, auf Dauer mehr Schaden als Nutzen bringen wird. Er führt geradewegs in die Isolation innerhalb einer egozentrischen und abgestumpften Gesellschaft. Der Mensch wird an Feinfühligkeit und Empathie verlieren. Phänomene wie Unverbindlichkeit und Beziehungsunfähigkeit werden immer mehr den Umgang miteinander prägen.

Vielleicht muss das ein oder andere sein, um in der heutigen Welt erfolgreich sein zu können. Schöner macht uns das allerdings nicht. Vielleicht tragen wir in Zukunft alle einen schöneren Anzug und haben eine schönere Maske vor dem Gesicht. Doch Leichtigkeit, Grazie und Sinnlichkeit werden definitiv bei dieser übertriebenen Leistungsbezogenheit auf der Strecke bleiben. Und wie der großartige Psychoanalytiker Erich Fromm es damals schon erkannte, haben die Menschen ein Gefühl der Ohnmacht. Sie geben nach außen hin ein Leben als gesunde Lebensweise vor, während »innere Gefühle der Leere durch eine Vielzahl kultureller Opiate« überdeckt werden. Leidenszustände sind meist schmerzvolle Hinweise darauf, dass Menschen nicht authentisch leben und keinen Zugang mehr zu ihrem besseren Wissen um sich selbst haben.

Vergessen Sie nicht: Man kann nicht authentisch wirken. Man kann nur authentisch sein. Selbstbewusstsein ist sexy.

Echtes Selbstbewusstsein ist etwas ganz anderes als erarbeitetes Selbstmarketing und ein strenges Wetteifern um gesellschaftliche Anerkennung.

Wecken Sie das Kind in sich

Zum Schluss möchte ich Ihnen gern einen geheimen Verhaltenskodex mit auf Ihren Weg geben. Eine Strategie, die Sie vermehrt strahlen lässt und Ihr individuelles Glücksniveau eindeutig anheben wird: Wecken Sie das Kind in sich! Fühlen Sie so, wie ein Kind fühlt! Machen Sie es so, wie ein Kind es macht!

Und was machen Kinder? Die meisten Kleinkinder, vorausgesetzt sie sind behütet aufgewachsen, sind wahre Vorbilder. Sie sind ursprünglich, ehrlich und authentisch. Ich kenne mich mit Kindern aus. Ich war selbst mal eins und meine Phantasie hatte Flügel. Ich habe gespielt, gelacht und geträumt. Außerdem bin ich Mutter einer mittlerweile erwachsenen Tochter und habe in jungen Jahren sogar eine Ausbildung zur Erzieherin absolviert. Ich klebte geradezu an den Lippen meiner Lehrerin für Entwicklungspsychologie, um möglichst keine Information über die wunderbare Reifung eines Kindes zu verpassen. Später habe ich auch als Mentorin mit Kindern gelesen und als Selbstbewusstseinstrainerin mit ihnen das Nein-Sagen geübt.

Heute gibt es leider viele Grundschulkinder, die nebenbei den Terminkalender eines Managers zu bewältigen haben. Sie sprechen wie Erwachsene, tragen deren Fashion-Symbole und teilen deren Interessen. Sie haben das neuste Smartphone in ihrer Schultasche und sind schon genauso wetterfühlig wie die Alten. Diese Kinder meine ich allerdings nicht, denn sie haben die gleichen Probleme wie Sie und ich. Sie denken zu viel. Sie grübeln. Sie sind auf Besitztümer ausgerichtet. Sie können nicht abschalten. Sie können schlecht den Moment leben. Sie können nur schwer genießen, sich freuen und sich grenzenlos kaputtlachen. Sie sind ergebnisorientiert. Sie führen ein anstrengendes Leben.

Dabei ist es so wundervoll, ein Kind zu sein. Und wenn Sie die Fähigkeit besitzen, Ihr kindliches Herz zu motivieren, dann wundert es mich nicht, wenn Sie demnächst bis über beide Ohren strahlen und Freudensprünge machen. Kürzlich erst habe ich ein Mädchen beobachtet. Es trug geflochtene Zöpfchen wie früher, summte eine Melodie und hüpfte vergnügt auf dem Bordstein herum. Es gibt viel zu wenig hüpfende Kinder und kaum hüpfende Erwachsene. Dabei ist Hüpfen ein Ausdruck von Freude. Menschen, die traurig oder ärgerlich sind, werden wohl kaum hüpfen.

Beobachten Sie die Kinder, lernen Sie von ihnen, wie man jeden Tag Neues entdeckt, wie man staunt, wie man mutig ist und wie man Menschen kennenlernt.

Ich will Ihnen verraten, was in der Schatzkiste der Kinder zu finden ist. Es sind drei große Worte, hinter denen sich eine wahre Lebensphilosophie verbirgt: Jetzt, Mut und Liebe.

Jetzt

Machen Sie es wie die Kinder und seien Sie präsent. Leben Sie im Hier und Jetzt. Konzentrieren Sie sich auf das, was Sie gerade tun. Genießen Sie es. Machen Sie es mit Freude. Bleiben Sie in der Gegenwart, lassen Sie die Türen zur Vergangenheit geschlossen und schweifen Sie auch nicht in die Zukunft. Kinder beherrschen das Erleben perfekt. Ohne dass sie sich dafür anstrengen müssen, es passiert einfach von ganz allein.

Haben Sie schon einmal ein Kind am Strand beim Bauen einer Sandburg beobachtet? Es ist gut, wenn es ein Mützchen trägt und den Rücken dick mit Sonnenmilch eingecremt hat. Denn allzu schnell kommt es aus der Krabbelhaltung nicht mehr heraus. Es ist im Flow, mit Leidenschaft bei der Sache. Es buddelt völlig vertieft über Stunden im Sand, zieht Gräben, hebt Tunnel aus und errichtet Mauern. Immer wieder läuft es mit seinem Eimerchen zum Meer, um neues Wasser für den Gaben zu holen, der rings um die Burg verläuft. Dieses Kind denkt nicht daran, was es letzte Woche gespielt hat oder dass es später noch seine Sachen wegräumen muss. Es hat auch keinen Plan für die Zukunft oder eine Vision im Kopf, wie das Schloss bei der Fertigstellung aussehen soll. Vielleicht vergisst es sogar, mit wem es an den Strand gegangen ist. Oder es bemerkt nicht, dass es eigentlich sein Spielen unterbrechen muss, weil Pippi in der Blase drückt.

Genau das nennt man im Erwachsenenleben auch Präsenz. Absichtslos im gegenwärtigen Moment sein. Das bringt uns dazu, konzentrierter, fokussierter und achtsamer zu sein.

Dem Kind ist es völlig gleichgültig, welches Ergebnis es erzielt. Es ist nicht am Ergebnis interessiert, sondern am Erlebnis.

Sie tun sich selbst einen Gefallen, wenn Sie die oben zitierte Erkenntnis zu Ihrem Leitmotiv machen. Seien Sie präsent, staunen Sie und haben Sie Freude am Erleben. Nehmen Sie alles mit Ihren Sinnen wahr, sinnlich und intensiv.

Mut

Kinder haben Mut und jede Menge Selbstsicherheit. Sie gehen offen, neugierig und vorurteilsfrei auf Menschen zu. Sie haben noch keine Schutzmauern errichtet, weil sie noch nicht verletzt worden sind. Sie denken auch überhaupt nicht darüber nach, ob sie verletzt werden könnten. Sie sind neugierig und sie haben Lust, auf Entdeckungsreise zu gehen. Das Leben ist für sie ein Abenteuer und sie schließen schnell Freundschaft mit allen Menschen, unabhängig vom Einkommen, von der Hautfarbe und der Herkunft. Sie verbiegen sich nicht, um es anderen recht zu machen. Wenn sie zu etwas keine Lust haben, dann sagen sie es. Wenn sie irgendeine Auffälligkeit in Ihrem Gesicht entdecken, dann fragen sie.

Kinder sind von Grund auf ehrlich, manchmal sogar schonungslos offen. Sie haben von Natur aus Selbstvertrauen und probieren die Dinge einfach aus. Zumindest so lange, bis sie irgendwann erfahren und gesagt bekommen, welche Fehler sie machen und was sie alles nicht können. Für eine Studie wurden Erwachsene und Kinder befragt, was sie an ihrem Körper ändern würden, wenn sie die Möglichkeit dazu hätten. Denken Sie ruhig auch einmal einen Moment darüber nach. Vielleicht wollen Sie größer oder schlanker sein, oder Sie wünschen sich eine kleinere Nase. So ähnlich klangen auch die Aussagen der erwachsenen Teilnehmer der Studie. Die Kinder hatten ganz andere

Ideen. Manche wünschten sich Flügel, um in den Kindergarten fliegen zu können, und andere wollten Beine, die so schnell laufen können wie die des schnellsten Raubtieres der Welt, des Geparden.

Liebe

Jetzt fange ich wieder damit an. Doch die Liebe ist unsere stärkste Kraft. Sie besiegt die Angst, sie macht gesund und sie birgt das größte Kapital in sich, bei unserem Bestreben, ein glückliches Leben zu leben.

Kinder denken überhaupt nicht darüber nach, ob sie sich selbst lieben. Warum sollten sie auch nicht? Sie tun es einfach. Und mit der gleichen Offenheit und Absichtslosigkeit gehen sie auch auf andere Menschen zu. Sie tun die Dinge nicht aus Berechnung, mit Dominanzgehabe und Erwartungsdruck. Sie geben sich so, wie sie sind, und wollen mit dem anderen Spaß haben und Neues entdecken. Sie lassen sich nicht von Regeln und gesellschaftlichen Normen gängeln. Wenn sie Lust haben, eine Prinzessin zu sein, dann setzen sie sich eine Krone auf den Kopf und sind eine. Wenn sie glauben, ein Superheld zu sein, dann laufen sie vielleicht im entsprechenden Kostüm aus dem Haus und glauben an ihre Superkräfte. Kinder lieben sich und sie lieben das, was sie tun. Ihre Beziehungen sind ehrlich, rein und pur. Sie lachen uns an mit leuchtenden Augen. Sie kennen kein gekünsteltes Lächeln und falsche Komplimente. Sie umarmen uns warm, fest und innig. Sie wissen nichts von obligatorischen Begrüßungsküsschen links und rechts. Sie bringen uns zum Lachen und können herrlich komisch sein.

Kinder berühren uns tief in unserem Herzen, weil wir instinktiv wissen, dass sie authentisch sind.

Wenn Sie es schaffen, mit den Augen der Kinder zu sehen und Ihr Leben zu bestaunen, dann haben Sie einen Jungbrunnen entdeckt. Was Menschen erblühen und strahlen lässt, sind die guten Gefühle, die sie in sich selbst entdeckt haben und die sie an andere Menschen weitergeben können.

Was Sie schöner macht in Kurzform – das perfekte Tagebuch

Damit Sie mit den guten Gefühlen ein wenig in Übung bleiben, möchte ich in Anlehnung an die Erkenntnisse der Positiven Psychologie zum Schluss gern auf das »perfekte Tagebuch« des Psychologen Richard Wiseman hinweisen. Es sind kleine Gedankenübungen für jeden Tag. Ich habe sie in eine Übungsreihe gebracht, probieren Sie es einmal aus:

Montag Schreiben Sie drei Dinge auf, die Ihnen gut gelungen sind.

Dienstag Schreiben Sie drei Dinge auf, für die Sie heute dankbar sind.

Mittwoch Erinnern Sie sich heute an ein schönes Erlebnis (zwei bis drei Minuten lang).

Donnerstag Erleben Sie heute Ihre positive Zukunft in Gedanken (zwei bis drei Minuten lang).

Freitag Bringen Sie heute drei Menschen zum Lächeln oder geben Sie ihnen ein gutes Gefühl (z. B. ein Lächeln verschenken, eine Umarmung, eine Geste, ein Kompliment, die Worte »danke« oder »schön, dass es dich gibt«).

Jeder von uns hat seine eigene Realität. Ob wir uns schön finden und unser Leben wertschätzen, hat mehr mit unserem eigenen Urteil zu tun als mit dem der anderen. Deswegen ist es auch eine gute Idee, trotz unserer Ecken, Kanten und Fehler, das Gute im Auge zu behalten.

Wenn wir es schaffen, unser Selbstbewusstsein nicht einzig durch das Außen zu nähren, sondern mutig und wahrhaftig unseren Weg zu gehen, dann werden wir diese Welt klüger und weiser verlassen, als wir gekommen sind.

Jeden Tag ein bisschen was dazulernen, die Augen offen halten und öfter unserem Herzen folgen, das wäre schon mal ein guter Anfang. Und vergessen Sie nicht, Liebe und gute Gefühle zu verschenken.

Glück ist Liebe, nichts anderes.
Wer lieben kann, ist glücklich.

Hermann Hesse

Ich ergänze das Zitat von Hermann Hesse: Und wer glücklich ist, sieht auch schön aus.

 Kleine Morgengymnastik

Ich stehe mit dem
richtigen Fuß auf,
öffne das
Fenster der Seele,
verbeuge mich vor allem,
was liebt,
wende mein Gesicht
der Sonne entgegen,
springe ein paarmal
über meinen Schatten
und lache mich gesund.

Hans Kruppa

Service

Literatur

1 Béliveau, Prof. Dr. med. Richard, Gingras, Dr. med. Denis: Krebszellen mögen keine Himbeeren. Nahrungsmittel gegen Krebs, Kösel 2017

2 Blickhan, Daniela: Positive Psychologie. Ein Handbuch für die Praxis, Junfermann 2015

3 Bridges, Lillian: Gesichtsdiagnose in der chinesischen Medizin, Urban & Fischer/Elsevier 2014

4 Castrian, Wilma: Lehrbuch Psycho-Physiognomik. Antlitzdiagnostik für die Praxis, Haug 2010

5 Cuddy, Amy: Dein Körper spricht für dich. Von innen wirken, überzeugen, ausstrahlen, Mosaik 2016

6 Dahlke, Ruediger: Krankheit als Symbol. Ein Handbuch der Psychosomatik, Bertelsmann 1996

7 Dilts, Robert B., Hallbom, Tim, Smith, Suzi: Identität, Glaubenssysteme und Gesundheit, Junfermann 2015

8 Dispenza, Dr. Jo: Du bist das Placebo. Bewusstsein wird Materie, Koha 2014

9 Doidge, Norman: Wie das Gehirn heilt. Neuste Erkenntnisse aus der Neurowissenschaft, Campus 2015

10 Fredrickson, Barbara L.: Die Macht der Liebe. Ein neuer Blick auf das größte Gefühl, Campus 2014

11 Fromm, Erich: Authentisch leben, Herder 2016

12 Gärtner, Heiko, Krüger, Tobias: Krankheiten auf einen Blick erkennen. Antlitz- und Körperdiagnose sowie weitere Techniken, um Menschen ganzheitlich zu erfassen, mvg 2013

13 Hüther, Dr. Harald: Leitfaden zur Therapieergänzung mit natürlichen Vitalstoffen, Opti-Mahl 2013

14 Langer, Ellen J.: Mindfulness. Das Prinzip Achtsamkeit, Vahlen 2015

15 Levine, Peter A.: Sprache ohne Worte. Wie unser Körper Trauma verarbeitet und uns in die innere Balance zurückführt, Kösel 2011

16 Mai, Jochen, Rettig, Daniel: Ich denke, also spinn ich. Warum wir uns oft anders verhalten als wir wollen, dtv 2012

17 Northrup, Christiane: Göttinnen altern nicht. Wie wir der Zeit die Macht nehmen, indem wir uns für die Fülle des Lebens entscheiden, Arkana 2015

18 Poller, Carmen Maria: Gesundes Selbstbewusstsein. Stresskiller Nr. 1, Ellert & Richter 2015

19 Purps-Pardigol, Sebastian: Führen mit Hirn. Mitarbeiter begeistern und Unternehmenserfolg steigern, Campus 2015

20 Rainville, Claudia: Metamedizin. Jedes Symptom ist eine Botschaft, Silberschnur 2011

21 Reinhard, Rebekka: Schön! Schön sein, schön scheinen, schön leben – eine philosophische Gebrauchsanweisung, Ludwig 2013

22 Servan-Schreiber, David: Das Anti Krebs Buch. Was uns schützt: Vorbeugen und Nachsorgen mit natürlichen Mitteln, Goldmann 2012

23 Spitzbart, Dr. med. Michael: Erschöpfung und Depression. Wenn die Hormone verrückt spielen, Kösel 2012

24 Standop, Eric: Gesichtlesen – Face Reading. Charakter und Persönlichkeit, Schirner 2016

25 Thich Nhat Hanh: Versöhnung mit dem inneren Kind. Von der heilenden Kraft der Achtsamkeit, O. W. Barth 2011

26 Wehrenberg, Margaret: Die 10 besten Strategien gegen Angst und Panik. Wie das Gehirn uns Stress macht und was wir dagegen tun können, Beltz 2016

Sachverzeichnis